今秋似去秋

李長

終りよりはじまるごとし

目次

装幀　重実生哉
見返し版画　椎野淑甫

終りよりはじまるごとし——1967〜1971編集私記

はじめに――〝時間〟を遡るということ

日露戦争が始まったのは明治三十七（一九〇四）年二月だった。近代化の緒に著いて三十余年しか経ってなかった極東の小国が、ロシアという老大国を相手にしたこの戦争は、広瀬中佐による旅順口閉塞や乃木大将率いる第三軍の二〇三高地占領、翌三十八年五月の日本海海戦などの戦果によって、老いの目立つ帝政ロシアが戦意を喪失、同年秋に辛くも日本の勝利に終わった。

ところで、戦前の教育を受けた人なら当たり前に識っていたであろう百年程前の日露戦争のエピソードについて、私が些かの知識を有しているのは、正規の学校教育で習ったからだろうか。もちろん日本史の教科書には出ていたろうし、授業でも採り上げられたはずである。併し、それらについての記憶は全くない。ではなぜ私が広瀬武夫の旅順口閉塞作戦や乃木希典の二〇三高地死闘の〝お話〟を今に忘れないかといえば、家にあった岩波文庫の『日本唱歌集』（一九五八年刊）が大きな役割を果たしていると考えざるをえない。

というのも、団塊世代の少し前、昭和十九年生まれの私は、戦後の〝民主主義〟教育が最も幅を利かしていた同二十六年から九年間にわたって義務教育を受けたため、戦前の教科書なら必ず載っていたであろう日露戦争勝利の立役者を、軍神や聖将として尊め扱うことなどありえない時代の子だった。『日本唱歌集』に収められた「広瀬中佐」や「戦友」や「水師営の会見」を母親が時に口ずさむことがあって、それを耳に憶えたのが興味をもったそもそもの発端だったような気がする。因みに広瀬武夫については高等学校時代に島田謹二の名著『ロシヤにおける廣瀬武夫』を読んで、ロシア貴族令嬢との悲恋物語に深い感動を覚えたのも、そうした環境と関係していたのであろう。

齢の割に、日露戦争の〝お話〟を識っているについては、こうした家庭環境の他に、もう一つ忘れがたい理由がある。

公立学校で九年間の義務教育を了えた私は、昭和三十五年、開校して四年目の高知学芸高校に入学した。ここで当時の教育事情に触れる紙数はないが、とりわけ振幅の大きい思想的対立が顕著だった高知県の教育界にあって、私立の学芸高校はまだまだ教育現場を覆っていた左翼的な風潮とは距離をおき、穏健中立を目ざした新設高校だったといっていいだろう。その高等学校で一年から三年まで持ち上がりのクラス担任であり、英語の教師だったのが、佐野正太郎先生だった。

私はこの先生から教科書以外の多くを教わったと、後年思い出してありがたく感じたものだが、そうしたいわば授業中の脱線話の中に私が鮮烈な印象とともに記憶している日露戦争の話があった。同戦の勝利を決定づけたというべき日本海海戦に関するエピソードである。即ち、世界的な関心を集めたこの海戦について、その戦術や作戦はさして私の興味を惹くところでなかったように思う。どういう話の流れで先生が紹介されたかは憶えてないが、板書された次の言葉とそれにまつわる先生の講釈に私は感じ入ったのだった。

「皇国ノ興廃此ノ一戦ニアリ各員一層奮励努力セヨ！」ロシアのバルチック艦隊を迎え撃つに際して、連合艦隊司令長官東郷平八郎が旗艦「三笠」艦上から全軍に発した有名な号令、言うところのZ旗である。この号令を教えられただけなら、私はさほどまで深い印象を残しはしなかったかも知れない。この短章に続けて、先生は英文を板書しながらこう解説されたのだ。「この言葉を東郷が発したについては、お手本がある。それはイギリス海軍のネルソン提督がトラファルガーの海戦に際して、麾下の水兵たちに発した号令を、イギリスに留学していた東郷が識っていたからだ。その号令とは〝England expect everyone to do his best〟(直訳すれば、英国は各員がこの戦いでベストを尽くすよう期待している)である」と。

トラファルガーの海戦とは、一八〇五年フランス・スペイン連合艦隊とイギリス海軍が雌雄を決すべく戦い、ネルソン提督は戦死したものの、イギリスが勝利を収めた歴史的な海戦である。

多分英語の授業だったのだろう。教科書の最初の方に、クイーン・エリザベスにふれたチャプターがあったのを憶えているので、その延長線上での話だったのかもしれない。ともかく私はオランダでビールのブランド名にまでなったという東郷平八郎に加えて、英国のネルソン提督とトラファルガーの海戦と、〝England expect……〟を識り、深く胸底に刻んだ。後年、少しはものが判るようになってから考えたのだが、大袈裟に云えば、これぞ明治の翻案文化の一端ではないか。西欧の精神を換骨奪胎して日本に移した一つの文化行為であり、明治人の教養ではないかとさえ思ったことだった。

こうした明治の翻案文化的センスに私は妙に惹かれるものを感じる。というのも、そうしたセンスが、私の考える編集という仕事とどこかで繋がっているような気がしてならないからである。乱暴に云ってしまえば、とっさの〝思いつき〟よく言えば〝閃き〟と云っていいかもしれない。

もっとも、東郷元帥の号令として後に流布したこの文案は、参謀だった秋山真之が草したもので、有名な「天気晴朗ナレド波高シ」に続く一文だったと私が知ったのは最近のことである。従って私は、歴史的事実というより、伝説やお噺のレベルで思い込んでいただけだった。

いきなり明治の日露戦争の話を持ち出して面喰らわれた読者も少なくないに違いない。自らの四十年前を振り返る必要に迫られ、〝時間〟というものについてこれまで以上に想いを廻らさずにはいられなくなった私は、自前のコンパスをいっぱいに拡げてかすかにリアリティの届く時間をさぐり、日露戦争に行き着いたのだろう。行き着いたといってもそのプロセスで、五十数年前の小学生時代のあれこれを今に憶えている私が、その倍でしかない百年前については、過去の歴史と伝説化された〝お話〟でしか識らないという現実に、なぜか不審の念を抱き、戸惑いを感じてしまっている。言い換えれば、時間――同時代としての時間、歴史の時間――を訝しむような気がして仕方ないのだ。もう少し、このテーマを私なりの体験を交えて続けることをお宥しいただきたい。

私の父方の祖父は明治二十年生まれで、亡くなったのは三十年程前だった。日露戦争がなんとか勝利に終わって意気上がる時代に徴兵検査を受け、騎兵で合格したと聞いている。もっとも、まだ余裕のある時代だったからか、籤引にはずれて実際には徴兵されなかったという。私は小学校に入ると、四〜五年生ぐらいまでは毎年夏休みをこの祖父母の元で過ごすのが常だった。四国の山村の貧家のこととて昭和二十年代後半とはいえ、二十ワットぐらいの裸電球が一個吊り下がっているだけの、小屋のような陋屋である。そこで日中、多くは齢上の村の子供達と物部川で水浴びをし、小学校の校庭でソフトボールに興じ、山に入って小鳥の仕掛けをつくり、渓流でアメゴを釣ったのはよく憶えているが、祖父とどんな話をしたかは正直なところ殆ど記憶にない。

今その祖父を懐しむのは他でもない、まだ齢若いとはいえ、祖父は日露戦争の同時代人であり、雑誌『明星』の購読者だったのだ、という事実を今更のように思うからである。どちらかといえば、私の知った頃の祖父は温厚で口数の少ない人だったが、小学校に上がったばかりの孫を相手に、夏の夜、薄暗い電灯の下でトンチ噺をしてくれたことだけは憶えている。もし私がもう少し年嵩で、多少は歴史が判る程の年齢だったら、日露戦争から明治末〜大正にかけての話をしてくれ、私の方もあれこれ訊ねたかも知れない、とふと思ってみる。丁度その頃の祖父にとっては五十余年前のことである。

これに似た思いは仕事を始めてからも抱いたことがあった。あの頃、あの時、私がもう少し齢を経た大人、即ち経験を積み、世慣れた社会人であれば、仕事を通じて知遇を得た年輩の小説家や批評家や詩人や学者、さらには先輩編集者を前にして、もっと突っ込んだ話を持ち出し、より広く深い情報と見識に接することができたろうに……という残念な思いは、編集という仕事に携わってきた私の大きな心残りである。仕事の忙しさに甘えてビジネスライクになっていたせいもあろう。ともかく今となっては如何ともしがたい。そうした方々は既にこの世にいないのだから。

話を元に戻そう。今六十四歳の私にとって五十年余は既知の時間であり、同時代である。たかだかその倍の百年ではないか、という思いがありながら、残りの五十年いや四十年は所詮この身で知ることのできない時間なのだ。既知の五十年余を遡る四十〜五十年近くについては、歴史や伝説化されたエピソードや風聞としてしか私は識ることが出来ない。

それでは、私の半分の年齢の若者はどうだろう? 実はそれを問いたいためにも私は私にとっての日露戦争を持ち出したのだった。

正確な年月は忘れたが、私が三度目のサラリーマン編集者として平成六年に角川書店に入って間もない頃のことだった。何かの業界の集まりがあって、私はその会場に出向いた。そこには新参の私にとって部下に当たる二十代半ばの青年も顔を出していた。その集まりが終わると、私はごく自然にその青年に声をかけ、会場から程近い銀座の小さなバーに誘った。私としては、若い部下と会社の外でコミュニケーションを図るいい機会だと考えたからである。狭いバーのカウンターに並んで腰を下ろした二人は、多分当たり障りのない話から入ったのだろう。彼も最近外からやってきたばかりの中間管理職に、興味を感じていたはずである。そうした雰囲気の中で、彼は私がこれまでどんな仕事をしてきたかについて探りを入れてきた。

こういう場合、まずは出来る限り一般性のある誰でもが知っている話をするに如くはない、と考えた私は、

「この仕事を始めて三十年近くになるし、一つの会社にいた訳ではないので、いろいろなことをやってきたが、丁度君ぐらいの齢の頃には、三島由紀夫の本をつくったよ」と少し意識的に他人事のような口調で話した。

若い部下に自らのキャリアを誇示しようという気は全くなかった。彼の、仕事に関する興味の対象とレベルがよく判らなかったため、取り敢えず共通の話題に出来そうなことがいいだろう、と考えたにすぎない。

一瞬、沈黙があった後に、彼は喰らった不意打ちに反撃するような口調でこう応じたのだ。

「嘘でしょう！　そんなことありえない……。だって、目の前にいる吉村さんが、あの三島由紀夫の担当者だったなんて……。嘘でしょう。僕には考えられない……」

やや最後の方はトーンを弱めながらも、そう返してきたのだ。彼以上に驚いたのはこちらの方だった。私の年齢を知らず、かなり若く見られていた可能性もなくはない。それにしても、〝どうしてだ？〟という気持を私は拭いきれないままに、

「いや、嘘じゃないよ。晩年の三年程を、使い走りに近いアシスタントだったとはいえ、実際に行き来があって、打ち合わせをし、三島さんの本を造ったのだから……」

私はそう答えて、この話は早々に打ち切ったほうがいいと判断した。彼の方も不審気な気配を残したまま、この話題を繋げようとはしなかったのを幸いに。平成六～七年頃のことだから、三島由紀夫の自裁から四半世紀後の、ほぼ五十歳と二十五歳の遣り取りである。

この夜の体験を少し後になって思い浮かべたとき、私ははたと気がついた。彼にとって〝三島事件〟は歴史であり、三島由紀夫は早くも伝説の人になっているに違いない、と。単純な絶対時間の問題ではない。極めて非日常かつインパクトの強い出来事が精神史的な要素を多く抱

え込んだケースでは、短い時間で歴史、更には伝説と化し、現実の時間と切り離された〝お話〟になってしまいがちではないか。そうだ、私にとっての乃木や広瀬や東郷のように……。

あの夜の彼の胸裡を推測すると、冷静に年を数えれば不思議はないはずの私の話が、あまりに思いがけなくて、伝説の人物が唐突に生身の姿を現したかのような錯覚に暫し捉われたのではなかったろうか。

三島由紀夫がいなくなった昭和四十五年頃から、時間の流れが加速したように思えてならない。日露戦争のあった二十世紀初頭から私が高校生だった頃までが約六十年、六十年かかって私の裡にいわば伝説や〝お話〟としてインプットされた日露戦争という歴史が、その青年の場合、半分以下の二十五年で既に三島事件を歴史や伝説にしてしまっているのではないのだろうか。もちろん、彼にとって三島事件は生まれるか生まれないぐらいの時の出来事だったろうから、同時代意識を有ちえないのは仕方がないとしても。

それにしてもここ三十年ぐらいは、それ以前より時間の流れが感覚的に二倍強早くなっている、とりわけ都会では、とそんな気がしてならない。

思えば、三十年程前から映像の時代が喧伝され始め、家庭に電話とカラーテレビが行き渡り、その後を追うようにファクス、パソコン、さらには携帯電話などのＩＴ機器が登場して、情報化社会が急速に拡がった。その結果、目先の情報量は飛躍的に増え、現代人は多くのことを識るようになった。といっても、トリヴィアルな情報をとりわけ若い年齢層が次々に消費していくという傾向が著しいように思われる。情報が増えたかわりに、失われつつあるのは言論であり、個々人の言説である。そればかりではない、必要な情報を選択して、次世代と後世に渡す見識と伝承力の衰退がかなり以前から始まり、いまや取り返しのつかないところまで来ている。

かく云う私も、携帯電話を便利な道具として使いながら、反面なくてもいい、うるさい道具だと思う時がある。この感覚は私だけでなく多くの人々——とりわけ年輩者が共有しているに違いない。そう感じるとき、私の胸内に谺するのは〝No news is good news〟「便りのないのはいい報せ」という成句だ。「金と命」が危殆に瀕したり、失われたりしたときに専ら電報を使ったのは、そんなに昔のことではない。

こうした時間感覚と感慨をもつのは、或はこれまでのどの時代にもまして現代の六十歳以後に著しいのかもしれない。

新潮社入社の経緯《ゆくたて》——私を導いた二大人

教育実習と就職活動

昭和四十一（一九六六）年といえば、それまで内戦だったはずのヴェトナム戦争がはっきりと〝アメリカの戦争〟となって泥沼化の様相を呈しはじめた年だった。私は大学の四年生になって、就職を真剣に考えなければならない歳を迎えていた。当時は卒業後の就職先を決めるために三年生から動き出すような風潮は一切なかったように思う。

六月にはビートルズが来日、その騒動とは無縁だと思っていたにもかかわらず、一つだけビートルズ・フィーバーとささやかな接点をもつことになった。

その月の上旬から私は、まだ卒業生を送り出していない新設の都立高校で、一年生のクラスに配されて教育実習を受けていた。そのとき生徒たちがビートルズ公演のチケット入手をめぐって一喜一憂し、運よくプラチナ・チケットを手に入れた女生徒が、嬉しさと誇らしさを満面に湛えて報告にきた情景をよく憶えている。

教職課程を履修してはいたものの、私は教師になる気は毛頭なかった。いつ頃、誰が口にしはじめた言葉かは定かではないが、〝でも・しか先生〟（〝学校の先生にでもなるか、なるしかないか〟という消極的かつシニカルな一種の流行語。当時は民間の雇用意欲が旺盛だったのだろう）の小さな可能性を考慮して、資格ぐらいはとっておかなければ、というつもりだった。若く思慮の及ばなかった二十一歳の実習生は、生徒たちの前で正直にその気持を吐露して思いがけず強いブーイングに遇った苦い思い出がある。私の受け持った生徒たちはこう反撃してきたのだった。「自分たちは年寄の先生にウンザリしていて、兄貴のような若い先生を求めているのに、先生（実習生の私）にそんなことを云われたんじゃ、悲しくて腹立たしい」と。正直に本心を告げればいいというものではないのを教えられた、忘れ難い人生の一齣といっていい。真率さや本音や真実が他者を悲しませ、怒らせる可能性を考えて、その場、その時を曖昧にやりすごすのも必要な処世術だと……その時の生徒たちも五十代半ばになっている。

教師になるつもりはない、と生徒たちの前で公言して、それではどんな仕事に就きたいと考えていたのか。既に相対的な比較が習い性になっていた私は、より自分に相適しい仕事を消去法で求めた。その結果、編集・出版に関わる仕事が残ったのだと思う。大学進学に際して、迷うことなく文学部を選んだよりは、少し複雑だったはずである。

私はそう目標を定めると、教育実習と併行して就職活動を始めていた。記憶はまったくといっていい程になかったのだが、思いもよらずそのあたりの動勢を示す記録が残されていたのは幸いだった。というのも、この稿を書くために参照できそうな資料を家中で捜していて、当時の日記帖が見つかったのだ。持続的に日記を残す習慣のない私だが、その日記帖には年に何日か、思い出したように誌した頁があり、そこに運よく四十一年前の我が就職活動の一端が窺われる記述があった。

六月二日（木）

（前略）新橋演舞場於、前進座「坂本龍馬」を観る。隣席に谷崎氏母子あり、後援の高新が切符撒きしならん（中略）四時過ぎ出て、東急ホテルロビーにてコーヒーを谷崎氏よりごちそうになる。五時、母子と別れ、中央公論社へ。尋ねる鈴木氏既に退社、総務の人に入社試験について話をきく。五時四十分、至文堂知念氏にＴＥＬし、七時半新宿「ボン」にて逢ふことを約し……（中略）。七時半氏来らず、八時未だ来らず、いらいらし、もう帰らうとして念の為ＴＥＬ、既に社を出たとのこと、気をとり直して「ボン」の前で待つ。小雨降り始めてゐた。八時二十分、氏来る。再びボン店内へ。河出の知人紹介して貰ふ。新潮社は五味康祐の線が最もいい故、林先生にうかがつてみよとのこと。（中略）明日大原富枝氏を訪ひ、講談社紹介してもらひ、河出へも行く。六日月曜から教育実習、しよつぱなの月曜日一時限目から授業受け持たねばならず、その方の指導計画案作成もしなければならない。土曜日は再度指導教員と打ち合はせ。（後略）

当時私は、歴史的仮名遣いをマスターすべく、私的な文章では旧仮名遣いをもっぱらにしていた。引用はその原文のままである。

「高新」とは私が生まれ育った地元の高知新聞社であり、その頃、岡田嫩子さんという父の知人が東京支社勤務で、私は時々銀座の支社に彼女を訪ね、食事を御馳走になったりしていた。そんな関係から高新が後援した芝居の切符もいただいたのだろう。

やっと受験できた新潮社

日記の記述からは、結構真面目に、しかもかなり必死の思いで就職活動に取り組んでいた様子が窺われる。中央公論社の鈴木氏は、私の在籍していた國學院大學卒業生で同じサークルの大先輩、たしか当時は校閲部にいらっしゃったと記憶している。至文堂は『解釈と鑑賞』で知られる老舗出版社であり、その頃同社で編集者として仕事をしていた知念氏とは、知る人ぞ知る沖縄出身のH氏賞詩人知念栄喜さん。戦前から編集を業とし、いくつかの出版社を転々とされた業界通とも云うべき人だった。氏とはその後も同業者として、文学上の先達として関係浅からぬものがあったが、近隣に住みながら忙しさに紛れてここ十数年会う機会もないうちに、二年前ひっそりと亡くなられた。もう一度お会いして話を伺っておきたかった、という悔恨の念を胸に馳せつけた小さな葬儀場には、故人を偲ぶに相適しい沖縄の伝統音楽が低く流れていた。つつましい葬儀に列席していた方々の中で、私の知っている編集者は唯一人、講談社を定年退職して間もない野村忠男氏だけで、帰途、お茶を喫みながら思い出話をしたことだった。

その後に名前が出てくる林先生とは、戯れに門弟三千人といわれた佐藤春夫門下の詩人林富士馬氏で、かつて『文學界』の同人雑誌評を長いこと担当されていた。町医者を業とし、市井に生きた林先生には、私が上京して十年程の間はとりわけお世話になった。病気のときはもちろんだが、それ以上に身寄りのない地方出身者の自由な出入りを許され、文学の話はもちろん、食卓を囲んでの歓談の機をしばしば設けて下さった。自炊と外食に頼っていた独身者には、奥様の品のいい手料理と率直な会話も大きな楽しみで、いわば私は同家に癒やされに通っていたようなものである。今日の私を在らしめてくれた大恩ある方と云って過言ではない。

これまた全く記憶になかったばかりか、その存在は早くから知りながら、拝眉の機を得たのはずっと後だとばかり思っていた大原富枝氏にも会いに行っている。いや、記述からすると、「行くつもり」となっているから、実際はお会いしなかったのかもしれない、という気がしないでもない。ここにお名前を挙げた知念、林、大原の諸氏は、もともと父母の友人知己であり、私は親の淡い光を頼りにお近づきになったのだった。もっとも、年を経るとともに親の光の暈を出て、私なりの親密なお付き合いをするようになっていき、大いに私の人生を豊かにしてくれた方々なのだ。
次に記述があるのは七月二十八日と三十日で、三十日に就職活動の一端を示す条りがある。

午前三時、昨二十九日午後、新潮社一次面接を受けて来る。錚々たる幹部連中十名近くを前に、すつかり固くなつて、冷汗たらたら。（中略）昨日午前中の平凡社筆記と午後の新潮社面接に出て、疲れてゐる筈なのに、平常の疲労感がない。疲労感が慥かなものとして感じられないのは、よくない兆のやうに思はれる。肉体の疲労感が欲しい、ぐつすり眠りたい。

一個人の私的な過去を曝す恥ずかしさは十分心得ているが、もう一つ私の就職活動に直接関係した資料が見つかったので、いま暫く我慢して付き合っていただきたい。整理こそしてなかったが（というより整理する時間と余裕がないままに）、ものを捨ててなかったのだ。新潮社への入社が内定するプロセスを示す郵便物と電報が当時の封筒に入ったまま出てきたのには、日記帖以上に驚きを禁じ得なかった。
それによると、先ず七月二十日（水）午後一時三十分からの第一次筆記試験の案内状が受験票とともに六月三十日の日付で郵送されている。受験会場は新宿区内の成城高校とある。この案内状は何と謄写版、俗に云うガリ版で刷られたものである。昭和四十一年、天下の大手出版社・新潮社がまだガリ版を使っていたとは、今思って信じがたい気がする。

この新潮社受験に際しては、『新潮』編集部にその人ありといわれ、とりわけ若い文学青年たちからは半ば怖れられていた編集者・菅原國隆氏のお世話になっている。というのも、当時新潮社の受験は、同社の指定する大学在籍者に限られていたため、國學院大生の私にはそもそも受験資格がなかったのだが、幸いなことに社員の推薦がある者に限っては受験を認めるという例外規定が設けられていた。私は前出の知念さんの仲介で菅原さんを紹介して貰い、氏の社員推薦というかたちで辛くも筆記試験に臨むことが出来たのだった。

社員推薦をいただきに菅原氏を矢来町の社に訪うたとき、そう云ってよければ二十一歳の大学生には冷淡とも映る素っ気ない対応ぶりだったのを憶えている。

入社内定の陰にいた重役

筆記試験を受けた五日後、七月二十五日付消印の葉書が届いている。「貴殿は過日の小社入社銓衡（筆記）に合格されたので左記により第一次面接を行いたく定刻迄に当社に御来社願います」とあって、「日　七月二十九日（金）、時　午後二時三〇分」と記されている。この面接から二日措いた八月一日には「アス二ヒ　一〇ジ　ライシャコウ」シンチョウシャ――という電報が届き、翌々三日の消印で、「左記健康診断をお受けいただきたく定刻迄にお出で下さい」という手書きの葉書、最後に八月九日「アス一〇ヒ　ゴ　ゴ　二ジ　ライシャコウ」シンチョウシャ——という電報が届いている。多分、十日の呼び出しは健康診断の結果、異常は認められなかったので、来春の入社を内定する、と申し渡されたのだろう。

こうして私は社会人としての一歩を、希望していた出版社、それも思いがけず大手の新潮社でスタートできることになった。本当にいいのだろうかとさえ思ったこの幸運の裏には、後の私に精神の交流と人間関係について深く考えさせる、ドラマとも云うべき事情が隠されていたとは、この時まだ知る由もなかったのだが……。

平成十九年一月二十八日（日曜日）付朝日新聞読書頁に、〈伝説の〝独裁者〟の素顔探る〉という小見出しとともに一冊の本が紹介された。その本とは、前年秋に刊行された『編集者齋藤十一』（斉藤美和編、冬花社刊）である。殆んどが私的な、斉藤氏に関する各人の思い出を輯めた私家版のような本にも拘らず、この欄で採り上げられたのは、斉藤十一という名前が出版業界でいかに大きいかを物語っている。因みに紹介文の末尾に歌人と肩書されている小高賢氏はもともと講談社の編集者を勤めた人で、歌人と二足の草鞋を履きながらも同社で優れた仕事をしてこられた方だと聞いている。そんな氏だからこそ、きっとこの本が気になって覗いてみる気になったのであろう。

斉藤十一は、戦前から新潮社にあって、企画立案と書き手の発掘育成に大きな能力を発揮、同社の屋台骨を支えてきたともいうべき天才的編集者で、『週刊新潮』と『フォーカス』を創刊した人である。とくに同社の全雑誌部門を仕切っていたので、当然純文学雑誌『新潮』や中間小説誌『小説新潮』さらには『藝術新潮』『新潮45＋』（現『新潮45』）にも強い影響力を有していた。それらの雑誌群を使って、五味康祐、柴田錬三郎、山口瞳、山崎豊子、瀬戸内寂聴、吉村昭といった作家や多くのライターを世に出したのは、業界ではよく知られている。

平成十二（二〇〇〇）年に八十六歳で亡くなったが、戦後の出版界に屹立するビッグネームといえよう。そしてその仕事のスタイルともいうべき特徴は、強大な力を揮ったとはいえ、文字通り〝黒衣〟に徹し、決して表に出ようとはしなかったことである。今時の日本的エディターやパブリッシャー（発行者）が、TVを始めとするマスメディアに自らを露出させ、その知名度を利用して商売と世渡りをする風潮とは逆に、いかに黒衣に徹するかを矜持とした、いわば反現代的な人物だった。

ここで氏の仕事や業績、またその為人《ひととなり》について語るのは、およそ私の任ではない。私の知る限り、取材対象としてもっとも斉藤十一に肉薄しようとしたのは、ノンフィクション作家の佐野眞一氏であり、氏は『別冊週刊新潮』（平成十八年二月十九日号）に「私が見た『怪物編集者』の素顔」と題した一文を寄せている。ここでは同文が前掲の『編集者　齋藤十一』にも再録されていることを付記するに留めたいが、その文章の最後に印象深い一節があるので、そこだけ引用しておこう。

「死の直前、斉藤はＴＢＳテレビの取材を受けた。その番組を見た斉藤は『老醜だ。もう生きるべきではない』と言って床につき、翌朝倒れた。そのまま意識は戻らず、五日後に息を引き取った。『二十一世紀は見たくない』と日頃から言っていた通りの、みごとな最後だった」と。

斉藤十一をここで紹介したのは、私と斉藤さんの間に、たった一つだけ、私の社会的人生の初めに深く関わる接点があったからである。実は、同書に私も一文を寄せるように需められ、そのたった一つのことを四十数名の執筆者の一人として書いている。改めて詳述こそしないが、「黙契畏るべし」と題した拙文の要旨を記しておきたい。

昭和四十一年夏に新潮社入社が内定した経緯は先に記し、そこには、大きな精神のドラマとも云うべき背景があったと書いた、そのドラマについての解説に他ならないからである。

「人物推定保証状」とは？

筆記試験は自力で突破したものの、それ以後の面接試験をクリアできた裏には「二人の巨きい人」の存在があったのだ。その裏事情を私が確認できたのは、昭和四十六年六月に新潮社を辞めた後のこと。即ち、相適しい実力が備わっていたとも思えず、世に云う一流大学生でもなかった私が難関を潜り抜けて内定を得られたのは、一通の「人物推定保証状」があったからだとしか考えられない。〝当人（私）については何も知らないが、当人の両親がどういう人物であるかを記し、その子息である故に間違いないだろう〟という内容の推定保証状を書いて下さったのは、昭和三十九年秋に『現代畸人傳』を新潮社から上梓して戦後の文芸ジャーナリズムにその存在を改めて強烈に知らしめ、四十一年当時『藝術新潮』に「日本の美術史」を連載していた文芸批評家の保田與重郎氏だった（昭和五十六年歿）。戦前から師事するような恰好で付き合いのあった父親の依頼を聞き入れて筆を執って下さったのである。そしてその書状を宛てた相手が、おそらく採用に関しても大きな権限を有していたであろう斉藤十一氏だったのだ。

この裏事情をはっきりと確認したのは、私が入社して四年三カ月後に同社を辞めた直後、私の入社に然るべき関わりをもったらしい保田さんに退社の事情説明とお詫びに伺ったときのことだった。

結果として、私は『編集者　齋藤十一』に寄せた一文で、以上のような私事を記さざるを得なかったが、その文意は、「巨きい人」同士の間に通い合っていた黙契の意味するところを明らかにして、私の社会的人生の井戸を掘ってくださった御両人に遅まきながら御礼を陳べたかったのである。保田さんの口からは、保証状を書いて斉藤さんに宛てた事情はうかがったが、入社後も若輩にとっては〝雲の上の人〟であった斉藤さんとは、以来三十三年、全く接触のないままに新聞で訃報に接することになってしまった。以前記したように、なぜ勇を奮って鎌倉のお宅を訪ね、そのあたりの話も訊いておかなかったのか、という心残りを今も禁じ得ない。

さて、全くの偶然だったが、同書には、もう一編保田さんと斉藤さんの間柄、信頼関係を示す文章が収められていて、私にはとても興味深かった。執筆者は私と同年代の谷崎昭男氏、私の人生に恵みを齎してくれたとでも云うべきこの畏友とは今も教えを乞いつつ一緒に仕事をする仲だが、ここは当該の一文に即こう。

谷崎氏は仕事上とりたてて斉藤さんと関係があった訳ではないものの、何しろ鎌倉は明月谷の隣組で回覧板を廻し合う仲だった。谷崎氏も筆を執る人で、とりわけ保田與重郎の最後の門下に連なったことを励みと悦びにしている人なので、保田さんと斉藤さんの深い関係については先刻ご存じだった。その谷崎氏が、御遺族の依頼を受けて保田與重郎への来翰を整理していて、斉藤さんが保田さんに宛てた四通の手紙を見つけたのだ。そのうちの最も古い一通を紹介しながら、谷崎氏は斉藤さんの巨きさと二人の信頼関係に改めて思いを至す、といった一文を寄せていた。

それによると、戦場から辛くも生還し、奈良・桜井で帰農生活を送っていた保田與重郎宛に昭和二十一年十月九日付で、斉藤さんが出した速達は、次のような文面だった（谷崎氏稿引用のまま）。

御無事でお帰りになった事仄聞いたしました。先づ御無事であった事を心から喜び申し上げます。ずい分世の中は変りましたが一向に僕は変りません。恐らく保田さんも変らないでしょう。僕は今「新潮」の編輯をやってゐます。（中略）色々な事、お目にかかってお話したいと思ふ気持はしきりですが、今日はとりあえず原稿を書いていたゞくお願いだけに止めておきます。保田さんは恐らくお書きになる気持は無いか、と思ひますが、若し何か書いて見よう、というお気持が出たら、新潮社に是非書いて下さい。（後略）

この手紙を紹介した後に谷崎氏は「五百字の余の右を書き写しつつ、文面に溢れ出る真情に私はこころ打たれてならない。三十有二歳の、斉藤氏のなほ若かつた日である。若さが行文を通して伝はつてくるやうに感じられると云へば、保田與重郎に対して格別の隔てを置かない筆は、おそらく斉藤氏の人柄をそのまま現してゐるが、『ずい分世の中は変りましたが、一向に僕は変りません』とあるのは、しかしたんなる若さのなし得るもの云ひではない。敗戦後の未曾有の混乱の渦に揉まれながら、その信念と気概といつたものを少しも揺るがさなかつたこと、そこに私は、斉藤十一の大をなさしめた一箇の勁いものを読み取るのである」と感慨を記している。

『藝術新潮』には、たまに稿を寄せることはあったが、二、三の例外を除いて、斉藤さんの慫慂が本格的に実現するのは十七年後の昭和三十八年のことである。即ち、『新潮』誌上で「現代畸人傳」の連載が始まっている。

矢来町に通いはじめる――二代目の急逝と野球

入社早々のＴＶ観戦

学校でも落第生を大量に出すことで有名だった教授の単位をなんとか取得して、やっと大学を卒業できた私は、多くのフレッシュマンと同じように希望と不安の入り混じった気持で四月から新潮社へ通い始めたことだろう。

試験を受けた前年（昭和四十一年）は、まだ地下鉄が開通していなくて、国電（ＪＲ）を飯田橋駅で降り新宿方面行き都電に乗り換え「牛込北町」という電停で下車、四～五分歩いて矢来町の新潮社へ行ったとばかり思い込んでいたが、いま調べてみると同年三月には地下鉄東西線の中野～竹橋間が開通していて、神楽坂駅から徒歩一分ほどで新潮社へ行けたのだから、地下鉄を使ったに違いない。私の記憶の中で都電の印象ばかりが強く残っていたのは、筆記試験会場の成城高校に行ったときの記憶が増幅されていたものと思われる。たしかに新潮社から送られてきた入社銓衡案内の会場略図を見ると、成城高校へは都電13番線に乗って「若松町」で降りるよう指示されている。筆記試験を受けに行ったこの時だけに都電を使ったのに違いない。

こんな瑣事に拘泥ったのは、人間の記憶、いや私の記憶など意外に不確かなもの、過去を記憶するという営為のプロセスで印象の強いシーンや自分の思い入れに都合のいい部分ばかりが強調固定されてしまうケースが往々にしてあると、この稿を書き捗めながら今更のように思い当たるからである。そう考えると、世の回想記、回顧録の類いにも細部に事実と違った記憶が紛れ込んでいたとしても怪しむには足りない。なにも歴史研究ではないのだから……。

社会人になったばかりの頃、私は西武池袋線の「椎名町」という駅を最寄りとする三畳間のアパートに住んでいた。従って池袋へ出、山手線で二つ目の高田馬場で東西線に乗り換えて「神楽坂駅」下車というルートで通勤していた。

筆記試験の前に新潮社を初めて訪うたときは普請中だったが、私が通うようになった翌四十二年には、新しい社屋が出来上がっていた。

新潮社に勤め始めてから、この年は三日間だけ日記を記している。

四月五日（水）出社四日目、相変らず書庫勤め（中略）晩飯自炊、米、テンプラ（アジ・イカ・ヤサイ）、ミソ汁、ホーレン草、福神漬で。（中略）高知高校、熊本工に二対零で勝っ

て明日準決勝甲府と。ター坊ガンバレ

引用の末尾に「ター坊ガンバレ」と記している三本タカシ君は、子供時代に同じ町内に住んでいた私より五～六歳下の男の子で、その頃は姉の後を追いかける幼児だったという印象ばかりが残っている。あのター坊が、高知高校のエースとしてマウンドに立っていることに私は興奮を覚えていたのだ。この試合を新潮社地下の社員食堂に置いてあるTVで観戦した記憶ははっきりしているが、今思うと入社早々の身でありながら、多分昼休み時間を過ぎて観続けていたのではないか。気にはしていたであろうが、注意された記憶はない。今はどうか知らないが、出版社や新聞社、放送局などのマスメディアの世界では、裁量労働制のような感覚、というか気風があったため、うるさく云われることがなかったのか、或は入社早々の〝子供〟のことなど、誰も眼中になかった、というべきかもしれない。アポロの月面着陸も、このテレビで興奮しながら観た記憶がある。

断裁処分される〝本たち〟

新潮社の年譜を見ると、昭和四十一年八月に新社屋竣工とあるから、私が矢来町の同社に通い始めたときは、出来て九カ月程しか経ってなかった。もっとも、今回気がついたのだが、本館全体の新築ではなく、昭和三十二年に出来た建物の北側に増築し、リフォームしたというのが正確だ。真新しい新社屋についての印象や記憶はとりたてないが、玄関を入ってすぐのロビー壁面に〈人類の文字〉が刻まれていたのは出版社らしいと感じたものだ。

矢来町という町名からも窺えるように、新宿区の東部、千代田区と境を接するこのあたりは、藩政時代を偲ばせる古い町名が今でもちまちまと残っている。矢来とは、竹や丸太を組んで造った仮の囲いのことだろう。時代劇に出てくる刑場や決闘場などに設えられたシーンが思い浮かんでくる。

ほかにも、箪笥町、細工町、二十騎町、揚場町、納戸町、山伏町など、いかにも〝江戸〟を思い起こさせるような地名が今だに狭いエリアに隣り合っていて、その一画に粋人の町、神楽坂が控えている、といった具合だ。そう云えば、新潮社のすぐ近くに観世流の矢来能楽堂もあった。

地下鉄東西線神楽坂駅の早稲田寄り出口の階段を上ると、緩い坂をものの百米足らずで正面玄関に着く。正面玄関の手前に本館と隣接して、手元に置いておくべき在庫を管理する倉庫が併設されていた。

先に紹介した日記の記述からすると、入社暫くはその倉庫に終日入って作業を手伝うとともに、自社がどんな本を出しているかを憶えさせ、ものとしての本の現実を実物教育されていたのではなかったろうか。というのも、私は初めてそこで処分される本たちの末路を見たのだった。何冊も重ねられた単行本が、いかにも頑丈そうな鋼鉄製のマサカリが降りてくる機械で真っ二つに断裁されている現場を目にしたのである。それにしても厚表紙（ハードカバー）の本を一度に何冊もよく断裁できるものだ、とその機械の性能に感心したような憶えがある。その時はまだ版元（出版社）が自社で刊行した本を自ら断裁しなければならないということの理由が解ってなかった。その作業に従っている倉庫詰めの社員が、ただ黙々とその仕事をこなし、あとは回収業者が持って行く、という哀れな本たちの末路は、四十年後の今も基本的に同じである。そんな光景を目のあたりにした本好きの人なら、なんてことをするんだ！　私がただで貰っていきたい！　と悲鳴をあげるかも知れない。

本とは内容の詰まった容器（ハード）であり、殆どの場合、その内容（ソフト）を需めるために本というグッズを購入する。その意味では本もまたプロダクト製品の一つという云い方もできる。即ちものとしての商品である。売れなければ在庫となって版元に残る（流通システムの問題については、今は措くとして）。ものが商品であるうちは大切に保管しなければならない。そのためには然るべきスペースが必要となる。保管するものが増えてくればスペースが足りなくなるばかりか、商品として生き永らえている以上、売れる見通しのたたぬ在庫といえど、資産である。限られたスペースの効率的な利用に配慮し、課税の対象からもはずすためには廃棄処分にするほかない、という訳である。古本屋やブックオフに廉く売ればいいのでは、と思われるかも知れないが、流通システム上、そうした横流しは掟破りであり、版元としての信用に関わるから、やってはいけないことになっている。

もっとも、断裁される本の運命については、単に流通システムの問題だけではなく、それ以前に本という商品につきまとう再販制度の問題がある。立ち入った説明の出来るほどに詳しくはないが、読者の方々も容易に思い当たるだろうように、新本は一部の例外こそなくはないが、表示された定価以外の値段では買えない。要するにオープン価格が禁じられている数少ない商品の一つなのだ。出版業界では、この流通制度と再販問題が、その功罪をめぐる議論を引き摺ったままで、いっこうに決着がつきそうにない。

もう一つ、倉庫裏手のコンクリート敷きの狭い空地——トラックの出入りに使っていた場所に『週刊新潮』の結束（五十冊ぐらいを重ねて一括りにしたもの）が幅十米、高さ三～四米ほどに積み上げられ、雑誌の天地の白い紙の部分に噴霧器で原色の塗料が噴きつけられている現場もよく目にした。

多分万冊単位で売れ残った週刊誌を廃棄処分するために、塗料を噴きつけて商品としての命を断っていたのだ。仮に六十万冊を超えて造られる週刊誌が一割売れ残っても六万冊をこえる。商品を自らの手でキズ物にし、回収業者に雑紙として売り渡すのである。

こうした廃棄処分の理由を知り、止むを得ない経済行為だと納得したのは、もう少し後になってからだった。

大日本印刷を見学

その年度（昭和四十二年）に新卒で入社した編集部員は男三名、女三名で、他に業務関係に高卒の女性も五名ほどいたように思う。多分、当初の研修は編集と業務を合わせた新入社員十数名が一緒に受けたのではないか。研修といっても、そんなに厳しく、緊張をしいられるものではなかったように思う。

倉庫詰めがどのくらい続いたかはともかく、研修期間中の或る日のことだったに違いない、大日本印刷へ見学に行ったのを憶えている。勿論、筋道だって思い出せる訳ではないが、その折に耳と目から入った二つの記憶が妙に生々しく残っている。

私たちを案内する大日本印刷の担当者は、得意先の新入社員を前に、工場見学に先立って挨拶めいた話をした。その話の流れや内容は全く憶えてないが、たった一つだけその方が口にした言葉を今に忘れない。「新潮社さんは、企業の規模とは別に、この業界では特別な存在、いってみれば貴族的な純血主義の出版社なのです」と言ったのだ。その意味するところを充分に理解した訳ではなかったにも拘らず、私はその内輪の発言がただの社交辞令に過ぎないとは思えず、なんとなく首肯できるような気がしたものだった。企業規模では講談社や小学館がずっと大きいし、岩波書店や文藝春秋といった名門出版社もあるが、それらとはどこか質を異にした社風だ、という肯定的なニュアンスが感じられたのだ。印刷所という、外縁から見た率直な感想だったのかも知れない。そうした私の受け取り方は必ずしも入社早々に芽生えた愛社精神に由るばかりでなかった。というのも社内の様子が判ってきて、その方の言葉を良くも悪しくも私なりに理解するところがあったからである。出版界に限らず、どんな業界でも社風の違いは大きいだろう。後年、二つの出版社に勤めた私は、その違いを身をもって体験することになった。

大日本印刷見学でもう一つ憶えているのは、或る現場の光景である。だだっ広いホールを思わせる空間に、タイプライターのような機械に向かって打ち込みをしている多数の女性たちの姿があった。その数は優に百人を超えていたように思う。私たちに背を向けて規則正しく並んで机に向かっている女性たちは、いわゆるキーパンチャーと称すべき人たちだったのだろう。案内者の説明によると、活字を一本一本拾って頁をつくり上げていく作業（文選・植字）を少しでも効率的にしようという当時のイノベーションの試みだった。即ち、キーパンチャーが打った字が、対応する穴状の記号として映画の35ミリフィルムぐらいのロール紙に、打ち抜かれていくのだ。

字に対応した複雑な穴が連続して打ち抜かれたそのロール紙を別の機械にかけると、一回ごとに活字が自動的に鋳造され、校正刷りが出てくる——こんな説明は、怪しげな私の理解の範囲内でしかないので、メカニカルな解説には程遠いが、私はそう単純に理解して憶えている。文選と植字のスピードアップをはかろうとしたこのシステムは、印字が活字から写植に、印刷が活版からオフセットに移行する前の大日本なりの試行だったらしく、広く普及しないまま姿を消したようだ。

ところで、パソコンに少し習熟すれば誰にでも本造りの基本になる校正刷りがつくれる時代にあっては、先程（　）内に記した文選・植字という二語ともに完全な死語となってしまった。活字に関係する仕事に就いている年輩の人なら誰でも知っている言葉だろうが、文選というのは多くは手書きされた原稿の通りに必要な活字を一本一本活字の並んだ棚から拾ってゆく作業であり、植字とは、並べられて文章となった活字の列を、指定された本の体裁に組み上げてゆく作業である。鉛でできた一本一本の活字を見たことのある人もいまや限られた少数であろう。かく云う私も、かつての文選工や植字工といわれた職人たちの仕事場を何回か瞥見しただけである。文選工の中には編集者にも増して字を識り、作家の癖字を読み解くことの出来る人が少なからずいたとは、昔よく耳にした話である。

ここ四半世紀ほどの間に、それまで原理的にはグーテンベルク以来五百年以上にわたって続いてきた印字・印刷方式が、すっかり変わってしまった。そうした印刷技術の大きな変化の渦中でそれぞれのプロセスに付き合いながら私は仕事をしてきたことになる。

活字・活版の時代には重大な作業ミスとして冷や汗をかいたようなトラブルが、いまはさほど問題にならない。しかしこうした技術の進歩にも僅かな闇の部分があるのではないか、という気がしてならないのは、活版時代を知る者の感傷だろうか。例えば、活版印刷の時代には、組み上がってきた校正刷を直す作業、特にノンブル（頁数を示す数字）や柱（ふつう頁数に続けて小さな活字で示される作品名や章名）などが変わると、その後の印刷所の手間とコストが増えるため、最初から出来る丈変更のない適確な指示をして印刷所に原稿を渡すことが求められた。しかし、コンピュータになると、変更や訂正の作業が容易になったため、つい後から直せばいいやという仕事のやり方が容認される傾向が出てくる。要するに本造りの原理を十分理解せず、基本となる設計図の作製が疎かになるという弊害が生まれているように感じるのは私ばかりだろうか。

大日本印刷見学で他に記憶に残っているのは、幅一メートルほどでロール状に巻かれた鉄板にピース（煙草）の缶の図柄が印刷されていた光景である。この喫煙絶対悪時代、殆ど見掛けることはなくなったが、「ピース」の缶入り（ピーカンと称していた）は、上等の煙草として当時、人気があった。印刷とは紙に刷るものとばかり思い込んでいた私は、「ああ、そうか。こうした印刷物もあるのか」と虚を衝かれ蒙をひらかれたものだった。

出版部に配属されたが…

そうこうしているうちに、突然、社長の佐藤義夫氏が亡くなった。四月二十八日旅行先の新潟県で心筋梗塞を発症したまま急逝されたのである。まだ六十六歳だった。最終面接の席にはいらしたかも知れないが、私はお顔を思い出すことが出来ないし、葬儀の様子も記憶にない。

ただ例の日記にこう記されている。

四月二十九日（土）　連休一日目、社長佐藤義夫氏の御通夜、四時出社、焼香等、六時頃退社。帰途、新入り五名で新宿へ出、ステーションビル「すずや」於夕食、雑談。

とあるところから、御通夜は社で行われたものと思われる。告別式ともども全く憶えてないのは、今思い返して申し訳ない気がしないでもないが、入社して一カ月足らず、故人のお顔もろくろく知らぬ若僧には正直なところ、自分にはさして関係のない義務的職務の一つにすぎないと感じていたからに違いない。

多分、社長の急逝に伴うセレモニーが終わり、ゴールデンウイークが明けた頃だろう、その年編集関係で採用された男女三名ずつのうち、男性二名、女性一名は『週刊新潮』に、女性二名と私が出版部に配属された。

当時の新潮社の組織は極めてシンプルで、各雑誌の編集部こそ、それぞれに独立しているものの、雑誌以外の出版物（文庫を含めて）はそれに付随する装幀、宣伝関係の業務と併せて、出版部がすべてをカバーしていた。要するに雑誌編集部を別にすれば編集関係の部処は出版部しかなく、出版部に一人の部長と二人の副部長がいるだけだった。考えてみれば、出版部という名称からして、アバウトであり、当時でも他社と比べて曖昧なセクション名だったのではないか。その出版部で狭義の編集に従事していたのは三十名足らずだった。社史によると、私の入社した年（昭和四十二年）、社員数は二百六十五名とあるから、企業としては典型的な中小企業といっていいだろう。因みに手元に昭和四十五年十二月現在の社員名簿があるが、それを見ても出版部全体で五十名ぐらいしかいない。そのうち十名ほどは編集者ではなかった。

一般に知名度の割に、出版社という企業は規模が小さい。現在でも最大手といわれる講談社あたりでさえ、正社員数は千数百人のはずである。にも拘らず知名度が高いのは、たとえば毎日の新聞に本の広告がでない日がないからである。出版業界全体の売り上げが、ここ数年は二兆円を少し超えるぐらいまでに落ち、なお漸減傾向にあるところからみても、ビジネスとしてはいかに小さな業界であるかが知られよう。

話は逸れたが、私はとにもかくにも出版社で編集という仕事の現場に身を置くことになった。以後四年三カ月ほどを新潮社に勤めたが、初めて社会人として受けたここでの職業教育は、私の編集という仕事に対する基本的なスタンスを大方決めてしまったといっても過言ではない。生まれたばかりの真っ新《さら》な命が、命を繋ぐために最初に覚えた営為を後々まで忘れないのは、生き物の自然であろう。それと同じように、私はここで編集という仕事のノウハウを真っ白い紙にも似た心身に刷り込まれたといっていい。

出版部に配属され、机を与えられたものの、編集の実務について教えて貰えるプログラムなど全く用意されてなかった。ともかく何をしていいのか判らないというのが実情だった。訊けば教えてくれたろうが、何をどう訊けばいいのかが判らないし、特に仕事らしい仕事を与えられる訳でもなかった。所在なげにしていると先輩編集者からコピーとりを頼まれることが時々あった。それ以外で、今でもよく憶えているのは、大江健三郎の担当者からトレーシングペーパーのかかった大江氏の写真を大量に渡され、写真の裏面で半透明の紙を留めてあるセロファンテープを丁寧に剝がすという作業を与えられたことがあった。

具体的な記憶はそれぐらいしか今思い出せないが、五月、六月頃はともかく暇で、何を如何していいか途方に暮れていたという印象ばかりが残っている。たしか終業が四時半とか五時と一応はなっていたように憶えているが、その時間がくると、何もすることのない私は部長の席に行って「帰ってもいいでしょうか？」と声をかけ、部長がかすかに首を縦に振るのを確認して退社していた。勿論大方の部員はまだ机に向かっているというのに。

そうした私の日々を裏付けるように、六月二十八日（水）付の日記には「仕事は相変らず面白くない。その面白くなさをカヴァーしようと、職場野球にはしゃいでみせるが、それはあくまで意識的に始めたことである」と記されている。そう云えば、社屋の南側に隣接してバスケットコートほどのグラウンドがあり、その片側に野球のマウンドが設けられていた。かつて中学時代に野球部に所属していた私は、早速出版部の野球チームに加わり、昼休みにそのマウンドでよくピッチングをしたものだった。当時新潮社の軟式野球チームは国体に出るほど強かったが、そのチームは業務部中心の本格的なプロ集団で、私が加わったのは編集部員の親睦を目的とした集まりだったのは云うまでもない。

初月給と予想外の賞与

一昨年の夏に亡くなった私の母親はものを捨てられない人だった。とりわけ、彼女の人生の思い出に繋がっていると思えば、ただの紙屑としか見えないようなものまで溜め込んでいた。従って身辺雑然たることこのうえない。然るべく整理されていれば、必要に応じて取り出せるのだが、ただ闇雲に溜め込んでいるだけなので、結果的にはゴミ同然である。彼女にしてみれば「捨てずに取ってある」という思いが大切なので、その思いを否定することは、云ってみれば彼女自身を否定することになりかねない具合だった。

ところが、何年か前にそんな母親ならではとも云うべき一通の封書が届いた。中には簡単な手紙に添えて古ぼけた二通の葉書が入っていた。何の役にも立たないと思っていた母親の溜め込み癖がこの稿を書くにあたって、少しだけ役に立ちそうな気配がした。というのも二通の葉書は、私が新潮社に入社して間もなくの四月と六月に両親に宛てたものだった。母親は、その葉書を溜め込んでいたのである。

もとより私事を連ねる拙稿だとはいえ、その全文をここに紹介するのは、さすがに恥ずかしく、かつその必要もない。にも拘らず、その葉書の話を持ち出したのは、文面の一部に私の初任給と初ボーナスについての記述が残されていたからである。

年表に拠って昭和四十二年の世相を振り返ると、初の普及型カラーテレビが三洋電機から売り出されたり、カセットテープレコーダーが人気になったり、自動車生産台数が西独を抜いて二位になったり、と現代に繋がる新しい消費財が一般に普及しはじめた年である。十月にはミニスカートの女王トゥイギーが来日するや、またたく間に若い女性のスカート丈が膝小僧より上になった。会社で部下に何かと注文をつけたがる年輩者が女性社員のミニスカート姿にたじろいで、さっそく眉を顰《しか》め、いかがなものか、などと口走ったりしたものだった。そうした華やかな大衆消費文化が広がりはじめる一方、その後の数年間、社会を騒がせた全学連や全共闘と称する学生たちのエネルギーが無惨に噴出しはじめた年でもあった。

そんな年、新潮社に入って間もなくの四月二十五日夜、私が認めた両親宛の葉書には「今日は初サラリーデー、明細は基本給三〇〇〇〇円、健保一〇二〇、厚生年金八二五、失保二一〇、所得税三九〇、控除額合計二四四五、差引支給額二七五五五。五月には幾らか昇給する。ボーナスも幾らか（半分くらいらしい）貰へるらしい」とある。

正確な統計に当たった訳ではないが、当時大手の出版社は一般に比して給料は少々高かったのではないかと思う。現在、東証一部上場クラスの企業なら、大学卒の初任給は二十万円前後のようだから、この四十年で約七倍ということになる。

もう一通は、六月十四日夜に書いたもので、その一節に当日貰った賞与について親に報告している。文面によると、計算が複雑で、なぜその金額になるかよく解らないが、「ともかく貰った分（手取り）だけを云うと五六〇〇〇円」とある。複雑というのは、多分日割計算で支払われ、控除分もその比率に準じた額だったのではないだろうか。入社早々、よもや貰えるとは思っていなかった賞与に感謝の念を抱いたことを憶えている。在社中の四十六年六月までボーナスは広い部屋へ部署ごとに順次社員が入り、直接社長から手渡されるのが恒例だった。月給も部ごとに現金で支給されたのではなかったか。それはともかく、月給袋に明細を記した細長いテープ状の紙が入っていたのは忘れもしない。というのもその明細テープを欲しいから譲ってくれ、という先輩がいたのをほほえましい気持で思い出すからである。

もう一度、その葉書に戻ると、賞与の使途を記して「一万円で扇風機と替ズボンを買う」とある。替えズボンはピンからキリまであるとしても、今でも扇風機と廉価な替えズボンなら一万円で買えそうだ。

寄り道がすぎたようだが、年輩の読者がそれぞれの昭和四十二年を思い出して、些かの感慨なりを催すキッカケになればと考えたからでもある。ささやかな世相史の断片と読み流していただきたい。

親睦野球のお相手

私ぐらいの年齢の者にとって、野球は子供のスポーツの王様といってよかった。小学上級生の頃は、毎日のように日が没してボールが見えなくなるまで三角ベースや独自のルールを考案した草野球に興じ、時には近くの中学校の野球部練習を飽かず眺めていたりしたものだった。その中学校は、グラウンドの西側に練習用のマウンドがあって、そこでピッチング練習をしていた同中の投手を塀に腰掛けて目近でよく見ていたが、その時の投手に新潮社で出会ったのには驚いた。成岡徹氏である。氏は土佐高に進み、サウスポー投手として活躍、慶応大学に入って野球を続けようとしたが、肩を壊して退部したと御本人から訊いた憶えがある。

そんな氏が新潮社の業務部にいたのである。成岡さんはもちろん社を代表する正式チームの一員で、昼休みにピッチング練習をしている私の傍に来て、「野球部に入らないか」と声をかけてくれたことがあった。私は、いくらか気持が動いたものの、業務部主体のプロ集団に入ったら球拾いが関の山、出版部のお遊びチームで楽しんだほうがいいと考え、氏の勧誘を、「自信がない」と断ったことだった。〝鶏口となるも牛後となるなかれ〟という訳である。

郷土意識の左程強くない私だから、気がつかなかっただけかも知れないが、同時代の出版関係者で高知県出身者と出会った記憶はない。その意味で、編集部門ではないものの、二百六十余名の会社に、私が子供の頃知っていた（云うまでもなく成岡さんの方は私を知らなかったが）

人がいたのは奇遇だと云っていいだろう。といって特に氏と個人的な関係があった訳でもなく、氏が定年まで同社で勤められたかどうかも、早くに退社した私は知らない。

昭和四十年から五十年代前半頃までの間は、どこの出版社でも草野球が盛んで、他社チームや文壇チーム、翻訳者チームなどと、土曜日の午後などによく親睦試合をしたものである。

そうした親睦試合を一緒に楽しんだ作家たちは、当然ながらまだ若くて新進といった人たちが多かった。後藤明生、黒井千次、古井由吉、李恢成、立松和平、川上健一といった方々のお顔が浮かんでくるが、どこで調達したのか、ちゃんと野球用のユニフォームを着ていた人も結構多かった。

野球好きで、熱心なメンバーだった後藤さんは、ジャイアンツびいき、アンチ巨人の私は、後年、ファン心理について他愛ない意見の応酬をしたことがあった。後藤さん曰く、「どうも日本のインテリは強い者やマジョリティーに抗することをもって、良心の証とする傾向が強いため、巨人ファンというと馬鹿にするようなムードがあって嫌なんだ。俺は単純にヒーローと人気者に憧れて巨人ファンになった。それでいいじゃないか」と。それに対してアンチ巨人の私はこう応じたものだ。「弱い者に味方するのは何もインテリのポーズばかりじゃないと思います。例えば敗けた義経を愛惜し、語り伝えるのも庶民のメンタリティじゃないでしょうか。弱い者の味方をするというのは戦後民主主義者風のインテリの特徴という訳でもないと思うのですが……」という意味の葉書を敢て出した憶えがある。

今から振り返れば、現代文学を先取りしていたともいうべき作家で、小説を書く意味を自らに問いつつその自答を作品化し続けた後藤明生氏も平成十一年に亡くなった。晩年は文学を通じて交友のあった近畿大学総長で自治大臣も務めた世耕正隆氏の慫慂に応じて、作家の傍ら近畿大学文芸学部の創設に尽力、初代の同学部長まで務めたが、六十代後半に癌で倒れた。その作風とどこか似通った、諧謔と滑稽の入り混じった捉えどころのない表情が忘れ難い。後藤さんとは、後に私が平凡社に移ってから一緒に仕事をする機会に恵まれた。

文芸家協会の会長を務め、平成十八年に『一日　夢の柵』（講談社刊）で野間文芸賞を受けた黒井千次さんとは、細々ながらもその後公私にわたってお付き合いが続いた。氏については後に改めて触れるつもりである。

昭和四十五年に「杳子」で芥川賞作家となる数年前、古井由吉氏は、ドイツ語教師のかたわら堰を切ったように小説を書き始めていた。現代的なフォークロアの小説化とでも云うべきではないか、と感じたその作風に私は大いに感興をそそられ、一時は担当したいと願ったが、思うところあって、同僚に譲ったのを、後に悔やんだものだった。

近年、自然と人間の関わりを具体的な行動と文章によって執拗に追い続けている立松和平さんは、まだ作家として独り立ちする前、『早稲田文学』の編集部にいたのではなかったか。多分一番若く、先輩作家から「ワッペイ、ワッペイ」と呼ばれていたのが耳に残っている。

李恢成さんがサウスポー投手としてマウンドに上り、一見力のなさそうな緩いボールしか投げられなかったにも拘らず、妙に打ちあぐんだことも印象に残っている。「砧をうつ女」で芥川賞を受ける三年程前のことである。

その一方で川上健一氏は豪速球を投げ、殆ど誰もバットに当たらないほどだった。それもその筈、高校時代、たしか青森県の高校で硬式野球部にいたということだった。だから、たまに出場すると、めったに本気では投げず、常には五～六分の力で投げてくれた。

翻訳者集団は中村能三監督率いるチームで、killers（キラーズ）という球団名をもつ、なかなか本格的な倶楽部だった。

ノーゾーさんと呼ばれていた中村氏は、昭和五十年代から新潮社でアガサ・クリスティーの作品を立て続けに翻訳、他にもサキや、ディクスン・カーなど主に推理小説を手がける一方、ディケンズの『オリバー・ツイスト』も訳している。そんな氏がオーナー兼監督として若手の翻訳者やその予備軍を集めてつくったのがkillersだった。

このチームの中には、例えば後にめきめき頭角を現し、新潮社で多くの仕事をした永井淳氏がいた。同社で出たジェフリー・アーチャーの諸作は殆ど氏の訳業であり、アーサー・ヘイリーやスティーブン・キングも訳している。

当時の写真を眺めながら、ここまで書き進めた私は、思い立って、一人の先輩編集者に電話をした。その頃の野球の様子を確認かたがた思い出話をしたくなったからである。電話を差し上げた相手は、新潮社時代、先輩編集者として、若輩の私を認めて下さって以来、職場は変わっても折に触れて仕事の相談や話し相手として、お互いに忌憚のない意見や感想をぶつけ合いながらも、貴重な交友関係が今日まで続いている梅澤英樹氏である。氏は私より十歳程の年長、編集者として中堅になろうかという齢だった。

その電話で私は自分の記憶になかった阿部昭氏のことを梅澤さんに教えられた。後藤明生氏が野球好きで、熱心だったことは間違いなかったが、もう一人特別な存在として阿部昭氏がいたという。昭和九年生まれの阿部昭氏は、三十代半ばで新進作家として注目を浴び、時代の趨勢に抗するように短編小説に拘泥わって硬派の私小説作家と位置づけられた人である。前出の諸氏と同様文学史的には「内向の世代」に属している。この阿部氏は、当時かなり知られた野球の名門、県立湘南高校野球部にいたそうで、我々のレベルからすれば、それこそ超のつく豪速球を投げたという。前出の川上健一氏同様やはり高校で硬式野球部に属していた人は、別格だったのだ。梅澤さんは、人数の関係で作家チームにまわり、キャッチャーとして阿部氏の球を受けて、その速さにたじろいだ思い出をもっていた。残念ながら阿部氏は、五十五歳の若さで病いに倒れ、帰らぬ人となってしまった。氏が長命であれば、ここ二十年程の純文学の世界で然るべき位置を占め、影響を及ぼしたのではなかったか、という気がしてならない。

この電話で梅澤さんは、昔を懐しむというより今を叱るといった口調で次のような話に語気を強めた——もう全くといっていい程、姿を消してしまっただろうが、あの頃は作家や翻訳者といった仕事上のパートナーと野球を楽しむのは、かなりの出版社がそれぞれにやっていたのではないか。作家は主に机の前に座ってものを考え、文章を連ねていく孤独な作業、そうしたクリエイターたちをたまに引っ張り出して野球を楽しみ、ゲームが終わった後は一緒に風呂に入って、ビールを呑み、飯を食うというのが、遊びであり仕事でもあったのだ。そこには当然人間の交流があり、親密な気持も生まれる。何もそれを仕事に反映させるために企画した訳ではないが、お互いに楽しかったと思う。いわばそういうオープンな付き合いが失われてしまい、作家と編集者の関係がビジネスライクになるか、そうでなければ、妙に狭く陰湿なグループで固まってしまっているのではないか、そうした状況は本来の編集者とクリエイターの健全な関係とはいえない――という意味の話だった。

私が入社する少し前のことだろう、直接知らなかったが、梅澤さんによると、勤務時間中の午後、まだ陽の高い頃に当時の副社長・佐藤亮一氏が社員の働く席に姿を現して、「これから野球、野球!」と皆を急きたてたこともあったという。そう云えば、私の次の職場である平凡社でも、社長の下中邦彦氏自らユニフォーム着用で懇親野球に参加している写真も残っている。

自慢めくが、私は、そうした職場の草野球チームで、エース格だった。昭和三十二年から三十五年まで中学で野球部に属し、今思い出してかなりハードな練習に明け暮れたお蔭で、心身が耐えることを覚えた、と後年になって実感したものだった。おまけに社会人になってその体験が役に立つとは思っていなかっただけに、一層嬉々として草野球を楽しんだのだろう。この楽しみは新潮社を辞めて平凡社に移ってからも続くことになる。

文庫編集部であがいていた頃

文庫編集部での仕事

四月末に二代目社長が急逝された後、長男の佐藤亮一氏が三代目社長を継いだ。この社長交替に伴って、上層部の人事異動があり、私が入社して三カ月程の間、出版部長だった酒井健次郎氏が『新潮』編集長に就任、新しい出版部長に『週刊新潮』から新田敞氏が移ってきた。因みに私の受験に際して推薦社員となってくれ、『新潮』編集部で重きをおいていた菅原國隆氏は、押し出されるように『週刊新潮』の副部長に転出している。新任の新田部長が着任早々出版部員を前に次のような意味のスピーチをしたのを今に忘れない。「私は文学や芸術の価値判断はしないし、出来ない。その評価や採否は君たちに任せたい。そのつもりでどんどん仕事をして欲しい。私はマネージャーに徹するつもりだから」と。古くから在社している部員たちがその言をどう聴いたかは不明だが、入社早々で社内事情も判らぬ私は、当時その言葉をそのままに受け止めていたように思う。

少なくともオフィスにあっては寡黙で動きの少ない前任の酒井氏より、年も若くアクティブな指揮官のように見受けられた新田氏の方がその頃の私には接しやすいように思われたのだ。

新田氏が出版部長に就任して間もなくだったのではないか、それまでの三カ月余り仮の席を与えられていた私は、出版部に包括されていた新潮文庫編集部付となって、席を移した。

文庫編集部の責任者・佐藤浩太郎氏は新社長の従弟にあたる人で、その下にいたのが私より一年早く入社した高砂正廣氏だった。私は編集の初歩的な実務をまずこの高砂氏から教わることになった。高砂氏は、文芸評論と小説の両ジャンルで健筆を揮い、『女性に関する十二章』で一般にも広く知られた伊藤整の甥にあたる人だった。氏は実務能力に勝れ、早くも責任者の片腕のような存在だった。付言すれば、高砂氏も野球好きで、その点でも私は暫くの間は氏と行動を共にすることが多かった。

とはいうものの、私は文庫の編集部でどんな仕事をしたか、あまり多くを憶えていない。今、『新潮社一〇〇年図書総目録』を繰ってみて、たしか尾崎秀樹氏のお宅に伺ったことがあったが、あれは『戸川幸夫動物文学』の解説を依頼したときだったろうか、翻訳家の大久保康雄氏を市川に訪ねたのは『O・ヘンリ短編集』だった。そういえばその頃すでに文芸評論家として一家をなしていた奥野健男氏のお宅に伺ったのは太宰治『晩年』の解説をお願いしたからだ。その原稿が長かったので、少し削っていただけないか、と相談したところ、奥野氏は「僕が太宰のこと書くと、どうしても長くなるんだよねえ。解ってくれないかなあ」とこぼしながらも、なんとかカットに応じてくれたのを憶えている。要するに太宰を愛しているので書きたいことが山程ある、と云いたかったのだ。

あと野口武彦氏と田中美代子氏は三島由紀夫作品の解説だ。田中氏は、同人雑誌に書いた三島論が三島氏に認められ、氏の御指名によって『午後の曳航』の解説を執筆してもらったし、野口氏もまた、『文学界』に発表された三島論「仮面の双面神」を三島氏が評価して、『禁色』の解説をお願いしたことだった。

もっとも野口氏に対する三島氏の評価は前記稿を核にして書き下ろされた『三島由紀夫の世界』(昭和四十三年十月　講談社刊)が刊行されるに及んで、俄かに怪しくなっていく。三島氏は同書の内容もさることながら、「あとがき」に不快感を覚えた、と私に洩らした。即ち「あとがき」は「畏怖するわけはなく、敬愛するわけでもなく、さりとて心服するわけではさらさらなく、ではどうなのかといえば、わたしにとって三島由紀夫という作家は、何か考えるべき問題性をもってわたしに迫るという意味でただ漠然とその存在が気になるといった態の人物であった。かねて三島氏の良い読者ではなかったわたしが、氏の作品世界を論じた四百枚のエッセイを書き……」と書き出されていたのだ。三島さんは私に、「そんな文学者について四百枚もよく書けるもんだね」と皮肉交じりに話したことだった。蓋し、三島氏は、批評者の批評対象に対するスタンスの政治性に嫌悪感を示したのだろう。それかあらぬか、野口氏は好評だった三島論とバランスをとるかのように『吠え声・叫び声・沈黙——大江健三郎の世界』（昭和四十六年四月　新潮社刊）をこれも書き下ろしで上梓している。その企画を知った私は、何となくあの時の三島さんのネガティブな直感を思い出したものだった。

一方、田中氏はといえば、以来三島由紀夫に一層打ち込み、二度に亙る全集（新潮社刊）の編集と校訂に欠くべからざる一員として従事することになる。田中氏のような揺らぐことのない理解者に恵まれて、三島由紀夫の文業は出来うる限り正確なかたちで後世に伝えられることになった。俗な言い方をすれば、田中美代子氏は惚れ込んだ対象についてしか書かないタイプの文芸評論家で、一昨年『小説の悪魔——鷗外と茉莉』（試論社刊）、昨年は『三島由紀夫　神の影法師』（新潮社刊）を相次いで刊行している。

一方、野口武彦氏は、大学に職を求める一方、博識多才とジャーナリスティックなセンスを生かして、紙誌を中心に健筆を揮い、七十齢を超えた今も縦横の活動に衰えがない。

文庫本が変わりはじめた頃

入社して半年も経つと、編集の仕事の内実や出版部の内情がそれなりに判るようになった。そうなると、生来の資質を若さ故の性急さが後押ししたのだろう、生意気にも私は文庫の仕事に慊《あきた》りなさを覚え始めた。

理由は極めて単純である。まず第一に文庫は元になる書籍（親本）があり、その親本を原則としてそのまま文庫版という規格サイズに移すだけの仕事で、オリジナリティーがないと実感するようになったのだ。なるほど文庫版には親本にはなかった解説が付されるので、その原稿を依頼するという新たな仕事はあるが、その解説を誰に書いて貰うかを決めるに際しても、当然ながら現役作家の場合は当該作家とその担当者の意向が大きい。


ここで当時の出版界における文庫事情について少し触れておこう。今は様変わりしたが、当時は文庫といえば、戦前からある岩波文庫と新潮文庫を二極とし、あとは戦後生まれの角川文庫があるだけだった。講談社が総合出版社の面子《メンツ》にかけて文庫市場に打って出るのは、その数年後、昭和四十六年七月である。同社の参入を見て、中央公論社、文藝春秋などが追随、たちまちこれという出版社はどこも文庫をもつようになる。

今は書き下ろしや編集物の文庫も少なくないが、当時はまず例外なく評価の定まった過去の名作・秀作・話題作しか文庫には入らなかった。文芸に限っていえば、それでもその頃から文学史的評価を別にして、現役作家の話題作や売れ筋の親本を早目に文庫化しようという傾向が次第に目立ちはじめ、旬の作家を積極的に取り込むようになっていた。現役作家のみならず、著作権を継承した遺族にとっても、文庫入りするのはその作品が普遍的な価値を認められたことを意味し、その喜びは勿論、経済的なメリットも大きかったのである。

講談社が文庫市場に参入するという動きをキャッチした新潮社は、自社文庫防衛の意味からも現役作家の作品を一層積極的に文庫化する動きをみせるようになった。現代の言い方をすると、文庫市場に競争原理が働き始めたということになろうか。新潮社が売れ行きはともかくとして、自社の基準や文壇、さらにはそれぞれの分野のボスの意向等に基づいて作品の質を重視し、文芸出版社の面子と旧来の文庫観にこだわるあまり同社の文庫に入れようとしなくても、講談社文庫というもう一つの受け皿が出来るのだから。因みにこうした話の流れに岩波文庫が入って来ないのは、敢て贅言を費やすまでもない。文庫が飽和状態の現代にあっても、なお岩波文庫だけは別格だといえる。

私が新潮社で文庫の仕事をしはじめた頃は、丁度第一次文庫戦争が始まろうとする直前だった。新潮文庫も時代の趨勢には抗し難く、目前に迫った戦争に備える必要から、仮名遣いを新かなに直し、若い人に読みづらい漢字や当て字をかなに開いたり、振りがなを付したりする作業を鋭意進めていた。その一方で文壇政治上の理由もあったのか、文学的評価のうえでも、また営業成績からみても収録冊数の多すぎる舟橋聖一の作品を減らすため、舟橋氏と直接交渉に当たった上司がひどく苦労したり、逆に主要作を独占したかった三島由紀夫については印税をアップするといった動きがあったのもその頃のことである。

今では当たり前になった文庫本のカバーもそれまでは特別な例を除いて掛かっていなかった

と思う。たまたま手近かにあった昭和四十三年十一月刊行になるフロイトの『夢判断』（高橋義孝訳）十二刷にはまだカバーがない。肌色の表紙に帯がまかれ、その上を薄い半透明の紙（グラシン紙）が覆っているだけである。その頃まで文庫本はそれで十分だった。本の内容を必要とする教養人や、金銭的余裕のない学生たちを主な読者に想定した商品であり、ぜひ欲しい人が三社の文庫の棚や目録で探して買い需めるのだから、目立たせる必要はあまりなかった。併し、昭和四十五〜六年頃から、即ち講談社が文庫市場に参入の動きをみせはじめた頃から、ぼつぼつ文庫本にもカラフルなカバーをかけたものが見受けられるようになってくる。カバーがかかると当然、本の背の書名や著者名が大きくて目立つようになるし、センスがよくてインパクトのある装画がこれまでの文庫本のイメージを徐々に変え、結果として読者層を拡げるようになっていった。こうして文庫の大衆化が緒についたといっていいだろう。

いったん大衆化が始まると後戻りは出来ない。マスセールに向かない歴史的な名著や、文学史上特異な位置を占める玄人好みのシブイ本を、売れ行きという尺度によって整理せざるを得なくなってきたのである。版元が在庫として抱えていられる冊数には限りがあるのだから。

併し、そこは出版社、売れ行きがすべてではないという衿持がまだ残されていて、暫くすると、部数は少ないながら、評価の定まった、然るべき本も見捨てる訳にはいかないとばかり、文庫本の差異化をはかるようになっていく。講談社の文芸、学術文庫や筑摩書房の学芸文庫などがその例である。ものとしては同じ分量、同じサイズでも、その内容に従ってマスセールの出来ない、即ち初版部数の少ない、文庫本の定価が高くなるのは止むを得ない。

仕事は自分でつくらないと…

もっとオリジナリティーのある仕事がしたい。書き手と渉り合い、生身の創作者に接し、創作の現場に立ち合って自分なりに出来上がりを実感できる本造りがしたい。文庫の編集部の現場を殆ど一人で背負い、黙々と目先の仕事をこなしている高砂氏には申し訳ないと思いながら、私は徐々に焦燥感を募らせていった。

入社して半年程しか経っていない世間知らずで、本音を抑えられなかったからこそ、ストレートに不満を抱くことができたのだろう。併し、そんな私にとって幸いだったのは、当時の新潮社出版部という組織のゆるさだった。一定の縄張りはあっても、その縄を少しだけ切って出入り口をつくり、時々は出たり入ったりすることが許されるような雰囲気があったように思う。一気に縄を切る挙に出るのは摩擦が大きいという判断ぐらいはあったのだろう。時間をかけて文庫編集部を囲む縄を少しずつ切り、暇を見つけるとそこから標《しめ》の外に出て、出版部の先輩編集者にアプローチしはじめたのである。

その一番オーソドックスな方法とは、或る本を担当した編集者の席に行って、その本を読んだ感想を伝え、著者に対する関心や興味を話題にすることだった。著者が自分の著作に好意的な読者を歓迎するのと同じように、自分が担当して造った本に好意を示してくれる者を受け容れるのは編集者の性《さが》といっていいのではないか。まず門前払いを喰わせるような人はいなくて、若輩の思い込みや恣意的な感想にも殆どの編集部員が耳を傾けてくれたと思う。勿論、人によって応対の仕方は違ったとしても。私見によれば、或る著作に対する興味の持ち方や関心の在処をどういう表現で、他者に伝えるかは、編集という仕事の基本である。批評や評論以前の、直感や印象に基づく表現といっていいかもしれない。

主にこの方法を使って、私は出版部の先輩編集者に教えを乞うようなかたちで積極的に接点をもとうと試みるようになっていた。そうした試みの中で、私にとって更に幸いだったのは、編集という仕事の自律性、独立性とでもいうべき性格だった。出版部という組織はあっても、それぞれの仕事は編集者の個人的才覚に負うところが大きいせいだろう、組織の属性ともいうべき上下関係や年功序列といった見えないバリアが少ないばかりか、若輩であっても共通のテーマや話題さえあれば、年長者から対等に遇して貰えることだった。これは対作家の場合も原則的に同様で、その意味では相対的に肩書やポストに拘泥わらぬ付き合いが成り立つ仕事だといえよう。

そうした先輩編集者の中には、「君がこの書き手にそんなに興味があるのなら、一度引き合わせよう」とか「次の仕事を手伝って貰おうか」とまで云ってくれる人もいて、後に担当を譲ってくれたケースさえあった。今思い出して、すぐお名前が浮かぶ出版部の先輩編集者といえば、前出の梅澤英樹氏、片岡久氏、藤野邦康氏、宮脇修氏、桜井信夫氏、徳田義昭氏、渋谷遼一氏といった方々で、よく若さにまかせた私の話に耳を傾け、相手をして下さったものだ。

誰に云われたかは憶えていないが、その頃の私を覚醒させ、以後、編集者としての大切な指針となっていく言葉を、半ば冷酷に半ば正直に伝えられたことがあった。その言葉を耳にした私は「そうか、そんな簡単なことなんだ」ともやもやしていた霧が一気に霽《は》れるような、身の引き締まるような気持にさせられたのを憶えている。

「吉村君、自分の仕事は自分でつくらないと、ないんだよ。そうしなければ、お使いばかりやらされることになってしまう」私が少し前までの〝仕事は相変わらず面白くない〟という不満から徐々に解き放たれていったのは、この言葉を与えられてからだったように思う。そのあたりの事情をもう少し当時の職場の現実に即して具体的に云うと、次のようになる。

文壇や学界で認められ、出版ジャーナリズムに然るべき地位を築いている書き手たちには、およそ新潮社とは縁のなさそうな人を除いて、既に担当者が決まっていたのである。とりわけ新潮社は定例の人事異動が少なく、書き手と担当編集者の結び付きが長く強かったため特別な事情がなければ、その担当が変わることは稀だった。私のような新参者がそこで仕事をしようとすれば、いきおい新しい書き手、新しいジャンルを探し出し、上層部に認めて貰うしかなかったのだ。勿論、そうした新しい仕事ばかりではないにしろ、自分の業績として実感できる仕事を少しでも多くするにこしたことはない、と当然のように私は考えた。

そう思い至った私は、他社から本は出していても新潮社にはまだ担当者がいない書き手、これから芽の出そうな才能、一部で注目されている若手といった人たちに意識的に目を向けるようになり、自分の射程内で捉えられそうなターゲットに接近をはかろうとしはじめた。その一歩は好意的な読後感を記し、面談できれば幸いだ、という内容の手紙を書き手に届けることだった。そうは言っても、書き手は例外なく年長者、臆し、怯《ひる》む気持は絶えずついてまわる。そんな時、「相手が誰であっても怖れることはない。お前が会って貰うのではなく、新潮社が会見を申し込んでいるのだ、と思えばいい」という上司の励ましは有難かった。

坂本龍一の父は名編集者

そうした雛鳥が、覚束《おぼつか》ない羽搏きでなんとか巣から出ようとトライしていた時期のことだったと思う。来る者は拒まず、という態度で私に接してくれた出版部の先輩編集者の一人、藤野邦康さんが、或る人を私に紹介したい、と誘ってくれたことがあった。要するに編集者とは何者か、という私の問いに対する一つの実物見本を見せてくれようとしたのではなかったかと思う。

当時藤野さんは三十歳代半ば、出版部にあって、その存在は少しく異色といってよかったのではないか。若い私の表面的な理解に過ぎないが、氏は弱い立場におかれた人間の側に寄り添う正義感を隠せない人で、場を選ぶことなく自分の意見を率直に表明する硬骨漢だった。それだけでも組織の中で生きていきやすいタイプではない。即ち、上司や同僚に対しても、ひとを見てものを言うところのない人で、現に私はそうした遣り取りの現場を何度か目撃したことがあった。そういう先輩だったからこそ、若い頃はとくに同じような傾向のあった私は、窘《たしな》められたケースも含めて藤野さんと話をする機会が多かったように思う。要するに分け隔てない態度で立場の弱い若輩に接してくれ、ときには苦言をも呈してくれたのだろう。

今も新宿のはずれに生き残っている厚生年金会館の小暗い裏手に〈英〉という一軒の呑み屋があり、文芸関係の書き手や編集者が専ら出入りしていた。その時が初めてではなかったと思うが、私は藤野さんに連れられてその店に行った。詰めて六〜七人が座れる程のカウンターと三畳程の小上がりがあるだけの、小さな酒家、表から見る限り、そう云ってよければ女性一人で切り盛りしているうら寂しい呑み屋にすぎなかったが、店内はけっこう活気に溢れ、多彩な出版・編集関係者やクリエイターたちが屯していた。たしかその時、藤野さんと私は小上がりに招じ上げられたように思う。そこには卓を挟んで、四十歳代後半と覚しきやさしそうな人物が既に座を占めていた。

もちろん私が初めてお会いする相手は、河出書房新社の坂本一亀氏という業界では名うての編集者だった。もっとも、河出書房新社は昭和四十三年四月に倒産している。その前だったか後だったかは判然としないが、どちらにしろ、現場の編集者として陣頭に立ちながら、経営陣にも加わっていた氏は、厳しい立場におかれていたことだろう。断片的に記憶しているその時の話から判断すると、倒産直後だったかも知れない。端正な風貌にも拘らず、様々な表情をつくりながら熱弁をふるう氏が、後にブレークするミュージシャン坂本龍一の尊父であるとは、そのときはまだ誰も知らなかった筈である。私が坂本龍一の存在を知ったのは、その六〜七年後だったろうか。後藤明生氏から「俺の息子（多分高校生だったのだろう）がYMOというバンドに熱をあげているが、そのメンバーの一人が一亀さんの息子らしい。そういえば、坂本さん、息子に金がかかると、ボヤいていたことがあったよ」と聞いた時だった。

それはさておき、坂本氏はその席で河出の編集者として経験してきた思い出話を多少の諧謔を交えた語り口で楽しそうに喋ってくれた。その話し振りや態度には若い編集者に訓誨を垂れるとか、教導しようといった様子は微塵もなく、時として一途で純真な少年を思わせる熱気さえ感じられた。

後発の河出書房の純文芸誌『文芸』は、戦前からの文壇地図に版図を占めていなかったため、必然的に戦後派の作家たちを中心に誌面をつくっていかざるを得なかったという事情から、ともかく新人を発掘し、育成する必要に迫られていたという新参者の苦労話。何らかの急ぐ訳があって、評論家の中村光夫氏に著者校正を一晩で見て欲しいと頼んだところ、門前払いを喰わされ、止むなく塀を乗り越えて御宅に侵入、ねばりにねばって徹夜で見て貰った、という話に至っては、やや武勇伝の趣すらあったように憶えている。

その夜の坂本氏の話は、酒と酒席好きで、私の知る限り陽気で率直な氏の体験談が中心だったと思うが、途中ひとつだけその体験から絞り出されたような教訓を居住まいを正して私にぶつけるように話したのを忘れない。「吉村君、編集者をやっていくなら四十歳までだよ。その齢をすぎて会社に居るんなら、重役にならなきゃ。そうでなければ書き手になることだ」。その席で私はその言葉のリアリティーを殆ど受け止められなかった筈である。併し、後になって時折思い出すたびに、氏の忠言めいた述懐の裏には当時の坂本氏の漠とした悔恨と苦衷が隠されていたのは間違いない、と確信し、その言葉の意味するところを私なりに考えたものだ。

河出書房から身を退いた坂本氏は、その後、一編集者として構想社という小さな出版社を背負ったが、晩年は随分苦労しているように見受けられた。その坂本氏も平成十四年に亡くなった。なお戦後の文芸出版史に大きな足蹟を残した氏については、河出書房で薫陶を受けた田邊園子さんによる『伝説の編集者　坂本一亀とその時代』（平成十五年　作品社刊）があることを付記しておきたい。

編集者とは何か？

これまで「編集」という言葉をごく当たり前に、というか自然に使ってきたが、その仕事の実際については、もう一つ不分明な読者もいるかもしれない。以前に私は、「作者がいて、その人が書いた文章を印刷所と製本所に頼めば本は出来るのではないか。あなたたち（編集者）は何をするのだ」という意味の疑問を呈されたことがある。一般に新聞記者といえば、取材して記事を書くのが仕事だという認識が広く共有されていると思われるが、編集者という仕事についてはもう一つ解り難いと受けとめられているところがあるのだろう。

新聞記者と編集者は隣接した職業でありながら、決定的な違いがある。前者が記す者、即ち記事＝原稿を書く人であるのに対して、後者は原稿を書かせる職業だという点である。勿論、編集者といえども、とくに雑誌の場合は多く無署名で主語のない解説文や、寄稿原稿の前に付す短いリード原稿、さらには編集後記といった類いの文章を書くことはある。しかしそれらが雑誌に占める役割はふつうごく限られたものでしかない。ましてや書籍の編集者にはそうした要素も皆無といってよく、辛うじて文に近いものに関わるとすれば、書籍の帯文、宣伝・紹介用のコピーぐらいのものである。

その意味では、文才や実務能力がなくとも、プロの書き手に出版社が必要とする原稿を書かせることが出来れば、それなりに勤まってしまうという面があるのも確かなのだ。たとえば作家の家人に気に入られたり、御宅によく出入りして雑事の面倒をみたり、よろず相談相手として重宝がられたり、果ては冠婚葬祭に然るべき役割を果たしたり……そう云ってよければ、幇《ほう》間《かん》的素質をうまく生かすことによってある種の信頼関係を築き、原稿を取ってくるタイプの編集者も成り立ちうる。

こうした編集者像をめぐって、入社二年目の頃に、生意気にも先輩編集者と口論めいた遣り取りになったことがあったのを思い出す。その頃、雑誌『新潮』編集部で中心的な存在だった坂本忠雄さんとである。何の用で出向いたかは憶えていないが、場所は本郷のルオーという喫茶店だったと記憶しているから、誰かに会うため東大にご一緒した帰途だったのではないか。

後に編集長となり、まだ機能していた文壇と渉り合って『新潮』という純文学雑誌を支えた坂本さんは、当時三十代半ば、私は二十三〜四歳だった。坂本さんは文芸編集者の仕事にプライドをもち、文学と文学者に正面から真摯に向き合って『新潮』一筋に仕えてきたといっていい人だった。対するにその頃の私はといえば、生来の天邪鬼的な性向と、若さゆえのペシミスティックな気取りから遁れられないようなところがあり、心のどこかに「たかが編集者じゃないか」というもやもやした思いがあったのだろう。編集者の役割めいた話をする中で、坂本さんに向かって「幇間的な要素もありはしないか」と口走ってしまったのである。振り返れば言わずもがなの一言だったと思い出す。坂本さんは急に怒りを顔に表して、私を強く窘めるようにその言を否定した。私は予期せぬ反撥に少々驚き自戒の念を覚えながら、言葉を濁して、その場を切り抜けたことだった。

この話で思い出したが、かつて岡書院、梓書房を創立し、大正末から戦後間もない頃まで、主に人類学、民俗学、考古学、言語学から山岳関係の刊行物まで手がけた出版人岡茂雄氏の回想記に『本屋風情』（昭和四十九年、平凡社刊）という一書がある。今や死語と化してしまった感のある「風情」という言葉は、広辞苑によると、その最後の語釈に「他を卑しめ、または自らへりくだる意を表す」とある。卑屈を装いながら逆説的に矜持を託したかのようなこの書名は、著者が発行編集人として柳田國男の周辺にいた頃、柳田を主客とする会合に渋々連なることがあった後日、柳田が門下の早川孝太郎に、「あの席になぜ本屋風情を同席させたんだ」と不快感を口にしたというエピソードに由来している（同書まえがき）。柳田の言葉を、意識して自虐的に捉え（岡氏は決してそう自註しているわけではないが）、肝に銘じた岡氏はきっと黒衣に徹しようとした出版人＝編集者だったに違いないと私は思っている。

前置きが長くなったが、以下に「編集」及び「編集者」について、私なりの定義づけを試みてみたい。

というのも一口に編集といっても、その間口は広く、多様な職種だとつくづく考えざるをえないからである。私の場合、この仕事を始めて四十余年のうちほぼ半分を出版社三社（新潮社、平凡社、角川書店）に籍をおき、あとの二十年程を編集プロダクションを主宰するというかたちで過ごしてきたため、一つの出版社で定年まで勤めた人に較べて（一定規模の総合出版社なら人事異動で配置替えとなり、様々な現場を経験することが多いにしろ、広義の編集から離れるというケースは少ない）、会社をバックにした深く濃密な仕事の世界は築けなかったかわりに、比較的広く、多様かつ異質な経験をしてきたとは云えるだろう。そうした私のキャリアが、編集の定義づけや編集者像に反映されていることを先にお断りしたうえで具体的な概略を記しておきたい。

編集の実務と感性

先に、岡茂雄にふれて出版人と呼び、発行編集人という言葉を使った。出版人とは広く出版という仕事に関わった人という程に理解してもらっていいが、発行人（パブリッシャー）とは、概ね出版社の社長をさす場合が多い（もっとも最近大手出版社では役員や管理職クラスでも発行人となる例が増えている）。即ち発行人とは一編集者（エディター）でなく経営者（エグゼクティブ）である。中小出版社はもちろん、大手出版社でも創業時は発行人が編集者を兼ねることが多かった。発行編集人とは、エグゼクティブ・エディターといっていいだろう。

さて、編集という仕事を実務面から簡単に定義すると、著者から原稿を貰い（文字だけでなく絵や写真も原稿である）、商品としての出版物にするため、原稿をチェックし、具体的にどんな本あるいは雑誌にするかを決め（本のサイズ、頁ごとの字配りや図版の入れ方、パッケージとしての装幀や表紙など）、印刷所や製本所にイメージ通りの刊行物のかたちにしてくれるよう、具体的な指示を出す、といったところだろうか。

この場合、書籍と雑誌ではかなり違いがあるのは云うまでもない。形態上の違いは説明するまでもないが、編集者として関わる場合、単行本、新書、文庫などの書籍は、たいがい一人の編集者が校正者や制作関係のスペシャリストの援けを借りながらも、全体的な責任をもつ。一方、雑誌の場合には、編集長の指揮・監督のもとにチームで取り組むため、スタッフはそれぞれが受け持つ部分を仕上げ、内容・売行を中心に全体の責任は編集長が負うことになっている。

以上は実務作業の輪郭だが、その前提にはまず原稿がなければならない。この原稿を入手するのが編集者の最大の仕事といっても過言ではないだろう。日本に於ては原稿の種を蒔き、育てて収穫する最大の土壌は雑誌というケースが多い。雑誌や新聞など、定期刊行物に発表された一纏まりの原稿をベースに一冊の書籍をつくる訳である。もちろん、ただ機械的に書籍化すればいいというものではない。雑誌や新聞等に発表された原稿は第一次稿であるから、単行本化に際して、著者及び書籍編集者は書籍としての読者を想定しつつその稿を再点検しなければならない。その結果、加筆・訂正・削除のみならず、構成や表現を変えたり、甚しい場合は全面的に書き直したりすることとさえある。このプロセスに関わって、執筆者にアドヴァイスし、著作として、また商品としての書籍を意識しながら、最終的な原稿に仕上げるお手伝いをするのが書籍編集者の大切な仕事である。新潮社の場合は出版部の編集者がその任に当たっていた。

新聞は毎日、雑誌は多く週刊、月刊という一定のサイクルでともかく出していかなければならないので、いきおい時間に追われ、次々に企画を立てて新しい原稿を用意することに専念せざるをえないが、一冊一冊の書籍は定期刊行物ではない（全集やシリーズ物ではスタートすると定期性を求められるものもあるが）。そのため著者と編集者は、雑誌に比べて長い期間付き合うことになる。この緩やかで長い付き合いが単なる仕事を超えた個人的交友と化していくケースはどちらかといえば書籍編集者に多く見受けられるように思われる。

もちろん、こうした最初の発表紙誌に頼る以外に、〝書き下ろし〟という書籍の造り方がある。種を蒔き（筆者と企画を打ち合わせて依頼し）、育て（執筆の進捗状況に応じて相談にのったり、進み具合をチェックし）、収穫する（原稿を貰い、整理する）までを書籍編集者が独りでこなす手法といっていいだろう。私がいた当時の新潮社出版部でいえば、〈純文学書下し叢書〉がその代表であり、新潮選書もその多くは書き下ろしだった。最近加熱気味の各社の新書も、この書き下ろしが多い。何でも新書という器に押し込んでしまうような傾向が見られるのは、計便さと、廉価を求める読者のニーズに応えているということだろうか。

主に書籍を刊行するための実務、書籍のソフトである原稿の入手方法について述べてきたが、雑誌、書籍を問わずさらに遡行《そこう》すると、〝誰に何を依頼するか〟という水源、即ち企画に行き着く。これなくして商業ベースの刊行物は生まれないと云っていいだろう。誰に何を頼むかを具体化するときに大きな役割を果たすのが、経験や知識・情報といった抽出と人脈というネットワークであろう。いや、その前に編集者として何をどう発信したいか、という思いは当然として、時代の空気と読者のニーズをキャッチするアンテナを備えていること、言葉を換えると〝センス〟が求められる。

甚だ主観的かつ恣意的な云い方になってしまうが、そのあたりの機微を伝え合うとき、編集者仲間では匂いと勘としか云いようのない〝感覚〟を頼りに情報交換することが少なくない。

以上、編集という仕事についてその一面を概説したにすぎないが、ソフトのジャンルは多岐にわたる。文芸でも純文学とエンターテインメントがあるし、学術関係、ビジネス書、ハウツーもの、実用書、各種専門書、古典物、辞書・事典など多種多様であって、それぞれの分野にそれぞれ固有のノウハウがあるのは云うまでもない。

間口を拡げ続ける出版社

ここ四半世紀ほど前からだろうか、いろいろな業界・業種で越境現象が起こり、扱う商品や業務の間口が思いのほか拡がっている。勿論その一方で〝特化と集中〟という側面もあるのだが、大勢としては、ビジネスの将来に目を向けて、新たな分野に活路を求めようとする傾向が目立つように思われる。

元々資本力が乏しく、特に近年は業界全体の売り上げが二兆円そこそこの出版業界ではなかなかこういう新分野開拓や異業種参入は起こりにくい。せいぜい角川書店が映画製作に乗り出し、小学館が子供向けのキャラクター商売で利益をあげ、マガジンハウスが「クロワッサン」ブランドを売るといった程度で、小規模の出版社を買収することはあっても全く関係のない事業に手を出すのはハードルが高いようだ。

そうした狭い業界の中で、かつては出版物の内容や分野による棲み分けがそれなりにあったが、このところ中規模以上の出版社では枠を意識しない越境現象が甚しいように見受けられる。〝なんでもあり〟とはいわないが、生き残りを賭けた乱戦を飽和状態の中で余儀なくされているような気がするのは、今の私がその渦中にいないからだろうか。

もちろん、出版史的に見れば、大手出版社が時代とともに出版活動の幅を拡げてきたのは云うまでもない。古い話になるが、講談社は大日本雄弁会として明治末に、講談の速記本から出発し、戦前は主に大衆娯楽雑誌を出していたが、戦後より幅広い総合出版社をめざして、たとえば純文学雑誌『群像』を創刊、純文学の牙城だった新潮社を追ったし、『文藝春秋』を核とした雑誌群を擁して雑誌社を標榜していた文藝春秋も単行本の出版に力を入れるようになり、子供向けの学習雑誌が中核だった小学館も総合出版社として週刊誌を出す一方、一般書籍の出版にも一気に進出してきた。三十年程前までは、「うちは書籍には手を出しません」とトップが公言していたマガジンハウス（旧平凡出版）さえ、その後しばらくして書籍も出し始めた。

近年では、岩波書店までも、こんなものまで、という一般書を当たり前のように刊行するようになった。少し事情は違うが、独自の教養路線に沿った全集やシリーズ企画の多かった筑摩書房も若い編集者が経済やＩＴ関連のビジネス書やハウツー物を出して結構健闘している。

新潮社も例外ではない。かつて純文学、文芸出版の老舗として、良くも悪しくもブランドを意識した出版活動をめざしているかの感があったが、文庫はともかくとして『週刊新潮』や『フォーカス』が経営の大きなウエートを占めた時代を経て、今やコンスタントな売れ行きの見込めない文芸物に替わって新参の新書を軌道にのせた。即ち、ジャンルを超えて次々に新しい企画と書き手を採用し、間口を拡げる努力をしているように見受けられる。

四十年前後の昔は、少なくとも文芸に関してはまだ健在だった文壇の意をそれなりに汲みつつ、権威と見識を盾に企画を吟味し、ブランドに相適しい自社の出版物を選んでいたように思う。それについて記憶に残っているのは、芥川賞を取って間もない若い作家の小説を出版するかどうかで、会議がかなり紛糾したことである。即ち中堅の担当編集者自身が、作品を分析解説したうえで、「この作品はこれまでの同作家のものに比べて質が落ちるので、刊行を見合わせたい」と結論づけ、刊行スケジュールからはずすよう緊急提案したことがあった。なにしろ当該作家の担当編集者の評価なのだから、その言は重い。暫しの沈黙が流れてから、出席者間で多少の議論がなされた後、会議を主宰する責任者が、「ウチが降りれば、待ってましたとばかりK社が拾う。ここは我慢してウチで引き請け、後作に期待しよう」と締め括って幕を引いたのだった。

ついでに付け加えておけば、当時の新潮社出版部内には企画会議にあたるものがなく、各編集者の刊行予定を部長が承認するというケースが専らだった。キャリアの浅い編集者がそれまで自社で刊行物のない作者の本を出したいときは、最終的に部長と直談判である。従って、今さら評価をする必要のない既成作家を多く抱えた中堅以上になると、たいていが告知ですんでいたと思う。前記の会議とは、刊行スケジュールと進行をチェックする報告会のようなもので「編成会議」と称して出版部の全員が出席していた。

要するにかなりの純文学作品がそこそこペイし、純文学作家の書く〝中間小説〟(新潮社であれば主に『小説新潮』を発表の舞台とする純文学と大衆文学の中間的な読み物)も稼いでくれたのである。そこに『週刊新潮』に連載された娯楽作品や山崎豊子などの読み物が単行本となって多くのベストセラーが生まれる。その一方で、独自の小説世界を築いてきた石坂洋次郎や山本周五郎に続いて司馬遼太郎を加え、文芸全般に目配りしていたといっていいだろう。文庫に加えて、そうした利益を生む「商品」があってこそ、利益の見込めない小部数の意義ある本を出版できたのである。

以上は昭和四十年代前半を振り返った私の、極めて大雑把な主観的概観に過ぎないが、それでも文芸書の老舗として、新潮社はまだ特別なポジションを占めていた、といっていいだろう。だからこそ反面で、その権威性や敷居の高さ、さらには独占的な商売の巧みさに対する反撥も強かった筈である。

単行本事始

最初に手がけた単行本

大概の日本人なら、デビ夫人という熟女タレントを知っているだろう。七十歳に近づいている筈だが、相変わらず美しく、それ以上に彼女の才気煥発ぶりはＴＶの華として欠かすことの出来ない存在になっている。私は最初に手がけた単行本の話をしようとして、必然的に彼女を思い浮かべた。デビ夫人というごとく彼女には昔、夫がいて、その男性＝インドネシア初代大統領スカルノについての本だからである。

その本を読み返しているうちに、インドネシアがキーワードになって、もう一人の人物を連想していた。その人物とは、北原白秋に愛された昭和の詩人・大木惇夫である。昭和十七年十一月、まずジャカルタで出版された『海原にありて歌へる』は受け止め方は様々としても、所謂戦争詩集といっていい。その中でも、かつて多くの若い日本人が低く愛吟したときく一篇「戦友別盃の歌——南支那海の船上にて」を思い出し、詩集を開いたのだった。

言ふなかれ、君よ、わかれを、
世の常を、また生き死にを、
海ばらのはるけき果てに
今や、はた何をか言はん、
熱き血を捧ぐる者の
大いなる胸を叩けよ、
満月を盃にくだきて
暫し、ただ酔ひて勢へよ、わが征くはバタビアの街、
君はよくバンドンを突け、
この夕べ相離るとも
かがやかし南十字を
いつの夜か、また共に見ん、
言ふなかれ、君よ、わかれを、
見よ、空と水うつところ

黙々と雲は行き雲はゆけるを

オランダ植民地時代の地名バタビアはインドネシアの首都ジャカルタ、バンドンはかつてアジア・アフリカ会議の別称バンドン会議の開かれた都市である。

話を戻そう。奥付を見ると、一九六七年十一月二十五日発行とあるから、入社した昭和四十二年の秋、文庫の編集部に属しながら私は最初の単行本を手がけたことになる。大森実著『スカルノ最後の真相』と題されたその本は、多くの島々から成るインドネシアの版図とそれらを囲む海を緑で表した図案のカバーが掛かっている。

よく知られているようにインドネシアは戦前オランダの植民地だった。大東亜戦争中、昭和十七年に日本軍が進駐、その宗主国を追い出す一方で、支配されていた同国人の反オランダ武力闘争が激化、日本の敗戦を経て一九四九（昭和二十四）年に連邦共和国として独立を果たした国である。その独立運動に従事して逮捕流刑されながら日本軍に解放され、独立とともに大統領になった人物が国父スカルノである。旧時代の風雲児ともいうべきスカルノは、昭和二十年代後半から四十年代初めにかけて国際政治の中で反米容共の立場から第三世界のリーダーとして華やかなスター的存在だったといっていいだろう。昭和三十四年、当時十九歳、赤坂のナイトクラブでホステスをしていた町娘に来日中のスカルノ大統領が惚れ込み、同三十八年に第三夫人としてインドネシアに呼び寄せた女性がデビ夫人というわけである。同国は回教国、妻は四人まで公認だった。

しかし、さしもの風雲児も齢とともに複雑な同国の政治情勢に対応する能力を鈍らせ、その地位を譲る時がきた。一九六六年、容共色に反対する陸軍によって退陣を余儀なくされたのである。追い落としの中心人物となったのは、スハルト陸相で、スハルト体制が確立された一九七〇年、スカルノは失意のうちに世を去った。

一方、著者の大森実氏は、毎日新聞社の外信部長を務めた名うての記者だったが、要するに出る杭は打たれるの諺通り、その存在の大きさと動きと資質が組織の体質と合わなくなったのだろう、ベトナム戦争の報道で時の駐日大使ライシャワーの抗議を受けたことが原因で一九六六年に同社を辞し、フリージャーナリストとして活躍しはじめていた。同書は、そんな時期の氏に『週刊新潮』が書かせた連載稿を核として新たに二百枚を加筆のうえ、一本化したものである。

大正十一年生まれの氏は、今も健在で、平成十六年には、『激動の現代史五十年』（小学館）を刊行、国際スクープ記者として体験してきた様々な現代史の現場と内幕を回顧している。

『スカルノ最後の真相』は、脂ののりきった時期の大森記者が見聞体験した材料を基に、一九六五年の9・30クーデターから翌六十六年の退陣までをドキュメント・タッチでリーダブルに描いたノンフィクションである。

「革命の父・終身大統領の肩書きをもつスカルノを、独裁の座から追い落した者は誰か――9・

30事件に端を発したスカルノ失脚劇の渦中の人物、スハルト、第三夫人のデビの役割は——栄光と醜聞が交錯する英雄の内幕を描く」という極めてスタンダードな帯文を私は書いている。

この本の編集実務を担当したとき、当時著者が設立して間もなくの「国際問題研究所」に大森氏を訪ねている。そう云ってよければ、容貌魁偉、インテリ臭を感じさせない押し出しの強さと、人間機関車のような迫力を目の前にして、なるほど戦場やきな臭い政治の舞台に乗り込み、対等に要人と会見できるジャーナリストとは、所謂インテリというよりこういう人物なのだろう、と思ったことだった。

異能作家との果敢ない縁

私が関わることになった仕事の中で、結果として一等異質ではないかと思われる同一著者の本が三冊ある。今は知る人も殆どいないだろうが、佐賀潜《さがせん》という特異な経歴の異能作家の本である。同氏は昭和四十五年八月に六十歳で亡くなっているので、そのとき私は新潮社出版部に在籍中だったし、ましてや亡くなる三週間程前に氏の本が出ているというのに葬儀に出た記憶がない。いや生前御本人にお会いしたという記憶すら定かではないのだ。近年では、一度も著者に会わず、電話やメール、宅配便の遣り取りだけで一本を仕上げるという話もちらほら訊くが、当時、著者に一度も会わずに本を、それも昭和四十三、四十四、四十五の各年に一冊ずつ造るということがあったのだろうか……思うに、出版部で担当者がつかないうちに、社として急ぎ本を出さなければならない必要に迫られて、上司やまわりから急遽「お前がやれ」と云われたのだろう。当時の私は以前にも記したように仕事であれば何でもやろう、と基本的に考えていたのだが、それでも多少は選びたい気持もあって、正直なところあまり気が進まない仕事だったのかもしれない。今でこそ著者に対してそんな自分を申し訳なく思い、我が身の未熟が恥ずかしいが、若かった当時の私は、出版部の誰もが引き受けようとしなかった作家の義理出版物を押し付けられた、という不満があったのに違いない。従って、自分の記憶に留めようという気がなかった結果、何も憶えていないのではないだろうか。そうとでも考えなければ、この記憶のなさは理解し難い。

それはともかくとして、佐賀潜という筆名は、誰かが「こんな天才、探そうとしてもさがせん」といったところから付けられたという話は訊き憶えている。もともと弁護士を本業とし、『民法入門』『商法入門』『刑法入門』といった啓蒙書がベストセラーになって、一時TVの法律相談番組にも出ていたので、こっちの方面での活躍を憶えている人はいるかも知れない。

昭和四十三年十月、最初に刊行されたのが『闇の極意』だった。前年に『別冊小説新潮』に発表され、日本文芸家協会が選んだ『代表作時代小説　昭和四十二年』に収録された作を核とする中短編集である。なるほど、それまで出版部とは付き合いがなかったからといって、文芸家協会が秀作として選んだ自社媒体掲載作を放置しておく訳にはいかなかったのだろう。ただし、雑誌発表時及び『代表作時代小説』では「闇の極意」ではなく「清兵衛流極意――明治泥棒物語」と題されていて、出版部で単行本にするに際し、改題したものである。当初、明治泥棒物語と副題が付いていたように、江戸時代末から明治の初期にかけて東京にいたという五人の泥棒親方の一人で、下谷、浅草、神田を縄張りとしていた丸岡清兵衛の裏稼業＝泥棒を描いた読み物である。裏稼業というからには表稼業があって、昼間は大工の棟梁として正業に勤しみ、夜は裏の仕事という訳である。著者は本名を松下幸徳という法律家、明治初年の頃に東京裁判所の判事を務めた後、弁護士に転じた荒尾正秋の〝日本盗賊考〟と題する小冊子などを援用しながら、人情話をからめて盗みのテクニックや裏稼業の掟を詳述した中篇だった。

著者について記憶が全くないにも拘らず、本書の刊行で唯一忘れられないのは先にふれた改題に関してである。同書には「清兵衛流極意」の他に五篇の短篇が収められているが、メインはあくまで「清兵衛流極意」なので、普通なら、その題を単行本全体のタイトルとするところだが、それではどうにも恰好がつかない、とまわりにアドヴァイスされたのだろう。他の四篇が泥棒物というわけでもなかったので表題作の副題を引き継ぐのもためらわれたと思われる。私は書名を再考し、思い付いたのが、『闇の極意』だった。〝夜〟と〝裏〟の連想から何ということなしに、浮かんだ書名に過ぎない、と思っていたのだが、先輩編集者の梅澤さんが、「ピッタリだ、センスのいい題だ」と褒めてくれ、後々まで話題にしてくれたのは思いがけなかった。

その後、昭和四十四年九月に『真昼の醜聞』を、翌四十五年八月に『闇の図録』を出している。

調べればはっきりすることだが、前者が『週刊新潮』連載だったのは確かだと思うし、後者は『小説新潮』掲載稿が中心になっているのだろう。自らの不精の言い訳めくが、当時の単行本は、というか私の仕事は随分粗っぽかったと、三冊を目の前にして反省せざるをえない。というのも、三冊ともどこにも初出発表のデータが記されていないのだ。今なら、それぞれの作品の初出は、何という雑誌の何月号、書き下ろし稿があれば、その旨巻末あたりに明記されるのがスタンダードというものである。

今回の稿をここまで書いた最後になって、またしても記憶の頼りなさを痛感している。『闇の極意』を私が手がけたのは間違いないが、手元にあるとはいえ、あとの二冊も本当に私が担当したのだろうか、……いやいや、他に担当した人がいた筈はない。著者のハウツー物は大いに売れたが、小説はそれ程大部数が売れた訳ではなさそうだ。推理小説が多く、執筆期間も短かったため、新潮社、とくに出版部とは果敢なく縁の薄い作家だったと思われる。

選書に活路を求めた

職人仕事もまた面白い

入社した昭和四十二年に手がけた単行本は前述の『スカルノ最後の真相』一冊だけだった。勿論活版印刷の時代で、写真が本文中に組み込みになった本の指定（印刷所がどう組んだらいいか判るように、原稿に指示を入れる作業）には、初めのうち随分苦労した。本文と写真の間のスペース、特に写真の説明（ネームとかキャプションという）を入れるアキがまちまちだと恰好が悪いので適切に指示しなければならないのだが、なかなかうまくいかなかった。校正刷りが出てから字組みを余り動かしたり、ノンブルや柱まで変えるとなると、印刷所の作業は大変で、その分費用も嵩む。さらに字組みを調整して空けたスペースに入れる写真や図版は、一点一点原寸大の版を別に造るので、こちらのサイズ指示も適切でなければならない。

この指示がうまくできず、写真や図版と本文の間が空きすぎてみっともないことになった経験は一度や二度ではなかった。そんな時、字組みを動かして調整しようとしていたら、先輩に注意され、写真の版を造り直す方がまだましだ、と教えられたものだ。コンピュータを使ってこうした作業を画面上で自在に行うようになった最近では考えられない苦労だが、手作業のよさは、原理がわかることではないかと思う。私のような年齢とキャリアの人間にとって、コンピュータは文字通りブラックボックス、結果だけが簡単にでてくるのに却って不安を覚えてしまう。それはともかく、この種の失敗は必ずしも私だけではなかったようで、机の抽出に不出来だった版を隠すように取り置いている人もいた。なにしろ、当時、写真用の版は捨てるのが惜しいような持ち重りのする銅版だったのだ。捨てるに捨てられず匿《しま》っておいた失敗銅版を暮れになると製版業者になにがしかの値段で引き取って貰い、忘年会の費用の足しにするのだ、という話も訊いた。

この話で思い出したのだが、小学校の下級生の頃、近所の子供たちと町内を歩き廻って道端に落ちている屑鉄を集め、回収屋に売りに行くことがあった。多くは古釘やブリキの切れ端、ボルトや針金といった類いの古鉄だが、たまに銅製のものを見つけると、〝アカガネ、アカガネ〟と云って大喜びしたものだ。アカガネは鉄の何倍もの値で引き取って貰えたからである。こうして私が五円、十円を稼いだのは、昭和二十年代後半の話である。

話が逸れたが、私は、この写真や図版の組み込み指定の基礎を、その後に手がけた二冊の新潮選書でとりあえずマスターしたのだと思う。創造の現場に立ち合いたい、生身の執筆者と自分なりに直接向き合いたい、と希う反面で、私は意外にも机上の手作業も嫌いではなく、そこそこ凝り性のところもあったのである。そうした私の資質を確認し、或る友人の協力を得て取り組んだ本が、高坂正堯著『世界地図の中で考える』だった。

この本は、当時創刊されて間もなかった新潮選書の一冊で、文芸出版を専らとしてきた社が、一般教養書にもウイングを伸ばそうとして取り組んだ新しい器だった。その責任者として仕込みをしてきた沼田副部長が高坂氏に依頼していた書き下ろし稿を私が引き継ぐ恰好で担当することになったものである。この本の内容及び著者に関しては次回に記すとして、先に述べた或る友人の協力についてまず話をしておきたい。その友人とは、大学時代の同級生で、卒業後、文理書院という学習参考書で知られた出版社に勤めたものの、一年で退社し、画才を生かして出版物に使う図案や表やイラストを描く仕事を中心に出版・編集の下職で生計を樹てようとし始めたばかりの和田禎男氏である。

一般に出版物に使用する写真は、写真家やフォトライブラリーから借りたり、著者やスタッフカメラマンが撮ったものを使うケースが殆どだが、表・地図の類いやイラストなどの図版はそれぞれのエキスパートに依頼して版下（印刷に供する原図・原画）をつくって貰うのが普通である。この本には写真はもちろん、図版をなるべく多く使って欲しいという筆者の要請があったのだ。写真は『スカルノ……』で経験していたが、図版は初めてである。正直なところ、些かの不安はあったものの、別に誰に頼んでも構わない、と先輩から訊いた私は、起業間もない和田氏に相談したのだった。氏は張り切ってこの仕事に取り組んでくれ、十三点の図表・地図・イラストを描いてくれた。この本の冒頭で触れられるタスマニアや南太平洋、アメリカ合衆国の領土拡張図、世界の回教圏といった地図や、当時の各国国民総生産及び一人当たり所得、工業製品の国際比較などの図表に混じって〈ブーメランを使う原住民〉〈ガリオン船〉と題された二点のイラストがある。とくに前者は無学な二人が、当時は一般に余り知られていなかったブーメランなるものについて調べ、その知識を基に和田氏が想像して描いたものだが、何故かオーストラリア原住民のアボリジニがアフリカの黒人を思わせる姿をしている。後になってそのことに気づいた二人は頻りに反省したものだった。

和田氏はその後、〈めるくまーる〉という出版社を起こし、三十五年程頑張って、その間に四十万部超を売った『リトル・トリー』というロングセラーを出した。その氏も昨年リタイアし、後進に社を譲った。本書の版元を同社が引き請けてくれたのは、四十五年に及ぶ和田兄との交友の賜物といっていい。

二十代半ばで助教授だった俊英

艦隊を組む、といっても何も軍艦の話をしようというのではない。ある動機や理念に基づいて定期刊行が予定される同じ造本と装幀の出版物群や、同一作家のシリーズ作品などの刊行点数が増え、書店の棚で一定のスペースを占められるまでになることの譬えとして時に使われる業界用語といっていいだろう。淡黄色の紙製カバーとその上に半透明のビニールカバーが掛かった新潮選書は、私が入社した昭和四十二年五月に、福原麟太郎『読書と或る人生』、中野好夫『シェイクスピアの面白さ』、東山魁夷『風景との対話』の三冊でスタートしたばかりだった。以来四十年、装幀こそ一新されたものの、この選書は今も続いていて、最初期に刊行されたうちの何冊かは今も生きて書店の棚にある。

私が最初に担当した同選書、E・O・ライシャワー著、橋本福夫訳『ベトナムを越えて』の刊行が昭和四十三年六月で、同書の奥付広告（奥付の後にある自社から刊行された本の紹介広告）をみると、他に九冊の選書が既刊として紹介されている。即ちぼつぼつ艦《ふね》が揃い始め、いくらか艦隊が組めるようになってきた頃という訳である。文庫に慊《あきた》らなさを覚え始めていた私は、スタートしたばかりのこの選書に活路を見つけようとした節がある。何となく選書編集部があり、責任者もいたのだが、そこはゆるいというかフレキシブルな組織、出版部に属していれば、誰がやってもよかったのではないか。私はぜひとも文学関係の仕事を、というほどに文学青年という訳でもなく、政治、経済はともかく、芸術、歴史、精神・思想史関係の分野にも色気だけはあって、エッセーやリーダブルな評論というスタイルに心安さを感じているところもあった。その点でこれからシリーズとして冊数を増やしていく必要のある選書は、然るべき作家がなかなか担当できない私にとって、当座の仕事を与えてくれるありがたい新企画だったといえよう。多くの作家や翻訳者を抱えている中堅以上の文芸編集者は、忙しくてなかなか選書にまで仕事を拡げにくいという現実もあったかも知れない。そうした状況下で私はアピールし、志願したのだろう。入社翌年（昭和四十三年）には三冊の選書を受け持つことになり、そのうちの一冊『世界地図の中で考える』は九月の刊行だった。

著者高坂正堯氏は私より十歳上の昭和九年生まれだから、御存命なら今年七十五歳、六十代前半の死はいかにも早すぎる。もっとも氏の業績と人生を思うと、すべてが早すぎた人だったという感懐を禁じえない。なにしろ同書に著者の略歴を付すに際して、送られてきたデータが「昭和三十四年、京都大学法学部助教授」とあったのを訝しんだ私は、御宅に確認の電話を入れたものだった。その時高坂氏は不在だったのだろう、「その通りです。宅は随分前から助教授なんですよ」と告げた夫人の言葉と私の驚きを今に忘れない。氏は二十代半ばで助教授になっていたのである。

それはともかく京大法学部助教授の身分でハーバード大学に学んで帰国したばかりの高坂助教授に目をつけた編集者がいた。後に私も世話になる、総合誌『中央公論』の粕谷一希さんである。高坂氏が粕谷さんの需めに応じて同誌に「現実主義者の平和論」を寄せ、論壇にデビューしたときは、まだ三十歳になっていなかったのだ。翌昭和三十九年には、『宰相吉田茂』を書いて大磯で隠棲していたこの保守政治家の現実主義を高く評価したかと思えば、次の年には『海洋国家日本の構想』を上梓、古典主義的教養に恵まれた国際政治学者として、論壇のみならず、広くジャーナリズムに早くも確かな存在を知られるようになっていた。

その数年後に刊行されたこの新潮選書の一冊は現下のグローバリズムと同じではないにしても、他国の動向がただちに日本にも影響を与える傾向が顕著になってきた時代の世界情勢を背景に、自らの体験を交えて歴史と文明の光と闇を明らかにしようとした本である。

四十年前に著されたこの本を今読み返して、私は過去の本だという印象を余り受けなかった。たしかに素材が古くなっているのは仕方ない。しかし、著者がいくつもの事例をあげて執拗に語りかけようとしている政治と文明の相対性は、依然として現代の課題であり続けているのではないか。一方的な主義主張、〝光と影〟や〝表と裏〟を等分に見ようとしない精神の在り方に対する否定的なトーンは、いっそ過激といってもいい程のように思われる。

当時の手帳には六月九日、十四日、七月二日に氏が来社した記録はあるが、私が京都・下鴨の高坂邸を訪ねた日は記されていない。本の刊行時期から考えて、七月以降だったのではないか。通されて氏と対面した部屋のガランとした広さが奇妙に印象に残っている。一見、〝京都のやわらかな坊ちゃん〟と称したくなる氏の外貌とは逆に、その内面は既に〝諦念とペシミズム〟に色濃く染められていたのだろう。「政治学者いうても、明日の政治のことなんかにも判りません」と言ったときの他人事のような口調を思い出す。

戦前から戦後早い時期にかけて論壇の一角を占めた哲学者高坂正顕を父にもつという環境も影響していたのだろうか、歴史と文明の成熟と衰亡に早くから親しみすぎた氏は、それでも最後まで厄介な現実に向き合おうとする姿勢を失うまい、と自らを励まし続けて生を全うした人だったような気がしてならない。

遠い著者より近くの訳者

そこそこ長く生きた人なら誰しも、人生の中で何人かの「懐しい」人に出会った経験があるだろう。振り返って、「なんともいえず懐しい」という思いは、「親しい」とか「好きだ」とか「尊敬している」、ましてや「お世話になってありがたい」という感情とは私の場合、少しく異なっている。いくらか距離をおいて思い浮かべたとき、存在そのものがまず「懐しい」という言葉でしか思い出しえない幻影のような個人が、私にとっては一等「懐しい人」のような気がする。別の言い方をすれば、必ずしも強い影響や強烈なインパクトを与えられなくとも、「そうか、こういうふうに生きた人もいたんだ」と思い着かせるような人間といっていいかも知れない。

『世界地図の中で考える』より三カ月前の昭和四十三年六月末に出た選書『ベトナムを越えて』

は、知日派の学者E・O・ライシャワーが駐日大使を退任し大学に戻って著した、アメリカと日本、アメリカとアジアをめぐる思索と提言の書である。そこには当然、アメリカの戦争になりつつあったベトナムの問題や、予想される中国の膨張といったアジアの新情勢を背景に、日米関係の将来を考える著者の文明論的政治外交論が展開されている。後に東大総長となった西洋史家の林健太郎が同書に寄せた推薦文には、「ライシャワー教授が駐日大使であった頃、私は大使に対してアメリカの北爆への疑念を述べたことがある。その時大使は、当然のことながら、本国政府の政策を擁護したが、大学教授の地位に戻った後のライシャワー氏はそれと異なる態度をとったように見える。しかしその根本精神は少しも変っていない。学者の良心と政治の叡智を結びつけようとする氏の姿勢はあくまで一貫しているのである」と記している。

原書がクノッフ社から出たのは前年（一九六七年）秋、すぐに翻訳権を買った新潮社は、その訳業を橋本福夫氏に依頼したと思われる。というのも、同書の日本語版刊行を決めて翻訳権を買い、訳者に依頼したのは、入社して半年の私ではなかったからである。どの時点で私が担当することになったのか正確な時期は判らないが、当時の手帳の三月二十一日（水）欄に「『ベトナムを越えて』入稿」（入稿とは、原稿を整理、指定して印刷所に渡すこと）の記載があるところから、少なくともその年（昭和四十三年）の初め頃には担当が決まっていたのではないか。今回の稿を「懐しい人」についての私感から始めたのは、同書の訳者・橋本福夫氏を思い出したからに他ならない。

次第に知る人も少なくなってくるのは止むを得ないが、橋本福夫氏は戦前から日本では殆ど関心をもたれなかったアメリカ文学に親しみ、戦後は堰をきったように自らが共感する同国の文学を批評・紹介してきた翻訳家である。といっても、ただの職業翻訳家ではない。自らの信じる文学を生の根源に抱えて、終世離すことのなかった孤高の文学者であり、文学によって人間性の練磨と社会の向上を信じた静かな理想家だった。兵庫県の田舎町で素封家の一子に生まれながら、同志社大学を卒えて上京後に故里の財を処分してからは、自らの信条、信念を曲げることなく、教職と翻訳で辛うじて現実を生き抜いた勁くてやさしい日本人の典型だった——と私は思っている。氏の広汎な業績の中で、とりわけ知られているのは、アメリカの黒人文学への親炙《しんしゃ》、紹介だが、それが抑圧された人間に対する共感と連帯感に発しているのは云うまでもない。その一方、昭和十八年から信州・追分に移り住み、追分区長を引き受けたり、地元の青年のために学校（高原学舎）をつくったり、購買利用組合長を務めたりしている。その頃同地で療養中の堀辰雄と親しく交友して同人雑誌『高原』の創刊にも関わっているが、同じ編集同人に片山敏彦やタゴールの詩を訳した山室静などがいた。山室、橋本両氏はともに、一時期マルクス主義に近づきながら、彼等の倫理的な性向や文学の自律性を信じる思いから、結局その政治性と組織の論理についていけなかった社会主義的オールド・リベラリストだった、と私は思っている。

昭和二十年代の終わりから大学の教壇に立ちながら、アメリカ文学に心寄せる人たちの控え目な先導役、まとめ役のような立場で後半生を送った氏は、多くの同学、同好の人たちに慕われ、敬愛されたのだろう。昭和六十二年に亡くなって二年後の平成元年、刊行委員会形式による全三冊の『橋本福夫著作集』が早川書房より刊行されているのも、氏の人望を証する出版に違いない。九人の刊行委員の中には大橋健三郎、木島始といった米文学者のほかに小島信夫、佐々木基一の名前もある。

さて、橋本氏のプロフィルについて、これ以上ふれる紙幅はないし、また私はその任に相適《ふさわ》しい者でもない。氏に興味のある読者がいるとしたら、古本屋で、著作集を捜して氏の文章を読み、関係者の解説文や年譜に目を通してもらうほかない。

現代の水準からみて、氏がテクニカルな意味で名翻訳家であったかどうかは別として、私にとって氏はそう多くはいない「懐しい人」の一人である。私がそう感じる理由の一端ともいうべき具体的な姿を、ささやかな付き合いの中から思い出してみようと思う。

オールド・リベラリストの寂しさ

正直に云えば、二十三〜四歳当時の私は、仕事で接点をもつことになった橋本福夫なる翻訳家がどういうキャリアの人か、どれ程の人物かについて殆ど識るところはなかったのではないかと思う。多分初めてお会いしたのは、中野の御自宅を訪ねた折だったろう。早くからアメリカ文学の紹介・翻訳を専らにしている人というぐらいの知識しか持ち合わせないままに会った氏は、予想に反して、どこにもアメリカを感じさせないどころか、〝どこにでもいる田舎のおじさん〟という印象だった。御宅も、アメリカ風の洒落たモダンハウスどころではなく、古ぼけた集合住宅で、部屋中に雑然と本が積み上げられた一室に招じ上げられた。決して失礼に当たらないと思うから記すのだが、若い私の眼に初対面の氏は、そう云ってよければ、そろそろ壮年期を過ぎて衰えをみせはじめた田夫のようにさえ感じられたものだった。勿論、その時、どんな話をしたかは全く記憶にないが、前述のさえない印象にも拘らず、付き合いが重なるにつれて、急速にその人柄と生き方に魅せられていったように思う。

私と橋本氏の付き合いは『ベトナムを越えて』が刊行されるとともに次第に間遠になっていたが、六年後の昭和四十九年に至って、再び頻繁になる。どんな著者・訳者に対しても〝基本的には仕事を通じての接触である〟というスタンスを崩したくないと考えていた若い頃の私は、私淑するようなかたちで作家や翻訳家や学者と付き合うことを自らに禁じるようなところがあったため、お願いする仕事のないままに橋本氏とも疎遠になっていたのだろう。だが、今度の仕事ばかりは氏をおいて他にいないと、一緒に仕事が出来る嬉しさのままに翻訳をお願いしたのだった。その時、私は新潮社から平凡社に移って三年目、主にノンフィクション関係の単行本を受け持っていた。そこでJ・ボールドウィンの〝No Name in the Street〟を担当することになったとき、私は迷うことなく橋本福夫氏に相談したという訳である。私が三十歳になろうとする頃であり、橋本氏は六十六歳、青山学院大学を定年退職した直後ぐらいだったのではないか。

J・ボールドウィンは当時、アメリカ黒人文学の旗手ともいうべき存在で、一九六〇年代に吹き荒れた人種差別と黒人解放運動の渦中にあって、ブラックとしてアメリカに生きる自らの存在と苦渋の内面を描いた作品が良心的な白人からも認められるようになっていた作家である。『巷に名もなく』と直訳されたこの本は、「作家としての創作活動や黒人解放闘争への参加への合間をぬって、その間の自分の私生活にも触れながら、断続的にペンをとった一種の『私記』」（訳者あとがき）であり、副題に「闘争のあいまの手記」とあるのは、日本語版の〝親切とお節介〟にすぎない。真っ黒い地色に手書き風のタイトル文字と著・訳者名を白く染め抜いたカバーの同書には、その内容をシンプルに紹介して、次のようなコピーの記された赤い帯がまかれている。「黒人の置かれている状況と、それに耐え闘おうとする人間たちの屈折した内面——文学と黒人解放闘争とが分ち難く結びついた本書は、〈裁判・暗殺・葬式・絶望・憤り……〉の記録であると同時に、広く差別と抑圧の構造と心理を考えるうえで、生々しい示唆に富むエッセイといえよう」

この仕事をしている頃、橋本氏はよく信州・追分の山荘で暮らしていたため、私はその山荘を訪ねたことだった。前記したようにそこは橋本氏にとって第二の故郷とも云うべき土地である。書斎兼居室として使っている部屋には、横に長い板を張り渡した机があり、いくつかの仕事を同時にできるようになっていた。その部屋で丁度親子ほど齢の違う二人は橋本氏手作りの質素な食事をし、いろいろな話をし、あたりを散策したことだった。堀辰雄の旧居を案内して貰ったのもこの時だったのだろう。私はすっかり忘れていたのだが、その時に橋本氏から「君も新潮社時代は随分悩みを抱えていたようだね。君の訴えるような文面の手紙を受け取ったものだったよ」と云われて恥ずかしさの余り言葉を失った憶えがある。本当にそんな手紙を宛てたのだろうか……。橋本氏は、人生や仕事の悩みと不如意を訴えることの出来る御人だったのだ、と今にして思う。若い人に警戒心を抱かせず、限りなく受け容れてくれる人だったのだろう。即ち、私にとって「懐しい人」たる所以もここに集約されているに違いない。

そんな橋本氏が口籠りがちに洩らした言葉をはっきり記憶している。「吉村君、僕は、差別され抑圧された作家としてボールドウィンに肩入れし、日本に紹介してきたけれど、そのボールドウィンも、今や白人社会で認められて、エスタブリッシュメント（体制側の人）の側に入ってしまったんだよ……、僕にはやっぱり寂しい……」と。そう云えば、これまでの生き方からして都知事選で革新陣営の美濃部候補を「応援せざるをえないんだ」と云ったときの橋本氏も、どこか寂しげな口吻だった。本来エスタブリッシュメントである美濃部知事の出自、環境や氏の掲げる民主主義的なムードに違和感を禁じえなかったのではないか。その意味で、橋本氏は、あれだけの仕事をしながらも、自らをもう一つ梲《うだつ》の上がらない人間だと思いなし、梲を上げた人間への批判的な視点を生涯失わなかった人だったような気がする。

本流を歩んだダンディーな外交官

新卒で新潮社に入社し、出版部に配属された四年間に四冊の選書を担当したことは以前に述べた。本稿では、概ね時間を追って記述を進めているが、選書という枠の中での仕事を二つ採り上げたので、ここであと二冊についても触れておこう。勿論、選書ばかりを手掛けていた訳ではなく、併行して結構多くの仕事を持てるようになっていたのは、二年目に入って出版部の様子を自分なりに理解し、基礎的な仕事のノウハウをそれなりに呑み込み、場の空気と職場の人間関係に馴染んだせいでもあろう。例の手帖を繰ると、昭和四十三年の三月二十一日欄に「『O・ヘンリ3』原稿催促（大久保康雄）」とあるから、文庫の仕事も続けながら（『O・ヘンリ短編集一・二・三』は当時では珍しかった文庫オリジナルで、昭和四十四年三月から四月にかけて三冊が出ている）、選書や単行本に取り組んでいたのが判る。因みに例の手帖というのは、主に文芸関係の編集者必携ともいうべき「文藝手帖」で、文藝春秋が発行しているイヤー手帖である。文藝春秋で社員に配布していたものを重宝だからと他社も使うようになったのだろう。新潮社でも社がまとめ買いして年末に編集部員に配られたものである。巻末に寄稿者住所録抄はじめ主要な出版社やマスコミ関係、広告代理店、印刷、用紙関係各社の住所・電話の記載があって、何かと便利だったのだ。一般にも入手出来ないことはなかったようだが、この手帖を有っているのは、まず同業者に限られていたので、なんとなく身分証明書のような役割さえ果たしていたように思う。出版に限らず他業種でもこうした手帖はあるだろうし、後に平凡社に移って社から支給された手帖は、同じ出版業界用でも新潮社とは違って「ＢＯＯＫＳ　文化人の手帖」というものだった。出版社によって関係する寄稿者層が異なっているため、巻末の住所録登載者名にはかなり異同があった。

話を元に戻そう。私が担当した三冊目の選書は、昭和四十三年の十一月に刊行された『ロシア革命の現場証人』だった。著者は加瀬俊一氏で、四カ月にわたって『週刊新潮』に連載された稿に加筆して一冊にまとめたものである。明治三十六年生まれの加瀬氏は、東京商科大学（現一橋大学）在学中に外交官試験に合格、外務省入りし、アメリカ留学の後、外交官として戦前の日本外交の中枢を歩んだ。敗戦直後には、戦艦ミズーリ号上での降伏文書調印式にも列席している。戦後は日本の国連加盟に尽力し、沢田廉三の後を受けて国連大使を務めたのは、私ぐらいの年齢以上の読者なら記憶に留めている人もいるかもしれない。私が同書を担当した頃は外務省を退いて鹿島出版会の会長を務めながら、大学で外交史を講じていた。後に佐藤栄作のノーベル平和賞受賞に関わって陰で運動したことでも知られるように、戦後保守外交の重要な裏方を務めたエリートだったといっていい。ついでながら付記すれば、御子息英明氏も外交評論家として知られ、俊一氏の夫人はオノ・ヨーコの叔母に当たる方と聞く。

余談はさておき、手帖には同年五月二十五日（土）の欄外に「加瀬俊一、金曜日ＰＭ２～４鹿島建設別館にいる」とあるから、その頃に接触が始まったのだろう。多分週一回、鹿島出版会会長として同社に顔を出しているので、その折に会いに来い、ということだったに違いない。八月十六日（金）の欄には「晩、加瀬氏（鎌倉）にＴＥＬ」とあるが、御宅に伺った記憶はない。だが、鹿島出版会でだろう、お会いした時の印象は強く残っている。というのも、氏とはこの時の『週刊新潮』連載稿の選書化に伴う付き合い以上のものはなかったため、ほかに憶えていることはないのだが、たった一つだけ記憶に留めているのは、いかにも戦前から外国に滞在して欧米流のマナーを身につけた外交官らしく、六十歳代半ば、初老といっていい年齢にも拘らず洗練されたダンディーな風貌と、当時あまりお目にかからなかったファッショナブルな着こなし、おまけにアスコットタイを首にまいていたその姿である。

蓋し、同じく外国に関わる仕事をしながら先に採り上げた橋本福夫氏とは対極に位置する人物だったと云っていいだろう。片や名門に生まれて外務省で活躍したエリート官僚であり、もう一方は、地方から上京し、アメリカ文学を糧として生涯を野に生きた草の根知識人だったのだ。

同書の「あとがき」によると、多年にわたってロシア革命に深い関心を抱いてきたという加瀬氏は、長い外交官生活の余暇にせっせと資料を蒐集し、生き残った当事者に直接話を訊く機会も少なくなかったという。戦後、ソ連が強大国となり、米ソ関係が世界の政治情勢を大きく左右するようになって、氏は共産政権の姿を過去に遡って見直しておきたかったのだろう。それはともかく「あとがき」には更にこう記されている。「週刊誌は気楽に読むものである。（中略）

それだけに私としては、楽しく読める革命物語を書くために、工夫をこらす必要があった。平面的な事実を記述するかわりに、出来るだけ、事件に当事者ないし目撃者の談話や記録を採用してみた。これが現場証人という題名が生まれた理由である。こういうスタイルの歴史があってもよかろう、と思っている」と。

氏は百歳を越えて生き、平成十六年に亡くなっている。

「心」で知った「自由な歴史家」

四十年前に取り組んだ四冊の新潮選書を読み返して、執筆時点との時間的なズレという、如何ともしがたい欠陥は免れないとしても、私はそれらの書物が今も失っていない意義を確認し、新たな情報を得られたばかりか、著者の肉声のようなものまで聴き取ることが出来た気さえしている。改めて、本とはまことに人類の知恵が生んだ「すぐれもの」だという思いを禁じえない。液晶の画面はもちろん、プリントアウトされた一枚一枚のペーパーでも、こうはいかないだろう。冊子という綴じられた本のかたちが考え出されたのは、人類最大の発明だといってもいいのではないかという思いすらしてくる。この稿を書くに際しては四十年程前の本を取り出して目を通したが、数年前の仕事（『近代浪漫派文庫』）でも、実家の書架にあった七十年、八十年前に出た本を持ち出して参照している。くどいようだが、ＩＴ機器ではこうした利用は考えにくい、少なくとも私には……。そう考えると、ＩＴ機器は時間を置き去りにする直進世界のツールであり、一方、書物は時間とともに回游する円環世界のグッズという云い方も出来るのではないだろうか。イノベーションという言葉と命運をともにするかのようなＩＴ社会は進化前進こそすれ、停滞や共存を許さない社会なのかもしれない。私はこの稿を書きながら、登場願っている故人たちと、暫しの間にしろ共存している気分に浸っている。

という訳で、最後に読み返した新潮選書は岩村忍著『東洋史の散歩』であった。これまで紹介した三冊は、入社二年目の昭和四十三年に担当、刊行された本だったが、『東洋史の散歩』は、昭和四十五年の十一月末〝三島事件〟直後の刊行である。

前にも記したが、一般に単行本として刊行される書籍は雑誌や新聞の連載稿を基にしている場合が多い。近年は書き下ろしの割合が増えているようだが、四十年程前は、岩波新書などを除けば、紙誌連載稿を基にして一本にするというケースが大半だったのではないか。新潮社で云えば、然るべき純文学作家の書き下ろし長篇は、わざわざ〈純文学書き下ろし特別作品〉と銘打って宣伝したものである。書き下ろしが珍しかったからこそのセールスポイントだったのだ。その点、選書は書き下ろしの割合が多かったが、企画を立案し、然るべき執筆者に依頼し、原稿を貰うまでには、それなりのキャリアと執筆者との強い信頼関係に加えて、社内的な信用、実績といったものが必要である。おまけに年単位の時間がかかるケースが少なくないため、入社二〜三年目の青二才にはまだ手の届かないところがあった。そこで私は、自社で刊行している雑誌は当然として、さほどポピュラーでない、従って書店に出ていても余り目立たないクオリティー・マガジンで、かつ書籍出版部門を有たない発行所から出ている雑誌をマークして本に出来そうな企画を捜すことが多かった。マークするのは、言うまでもなく自社に担当者のいない執筆者の作である。そうした雑誌の中に、当時時代の趨勢に背を向けるかのように細々と命脈を保っているように思われた『心』という雑誌があった。同誌は、昭和二十三年に武者小路実篤、安倍能成、辰野隆らの「生成会」メンバーによって創刊された保守系中道派の教養誌といっていいだろう。そこに連載されていたのが、「東洋史の散歩」である。その頃、新潮社は文芸だけでなく、歴史や民族学、考古学関係にも触手を伸ばそうという気運があって、例えば、民族学者の泉靖一氏などがブレーン的な存在となっていたせいもあったからだろう、この連載をもとに一本とし、選書に入れるという企画はすぐにOKが出た。

岩村忍氏は明治三十八年、小樽の生まれ、おもに京都大学の研究所に籍を置いて、遊牧民族史、東西交渉史を専門とした東洋学者であり、フィールドワーカーだったが、泉靖一は氏を評して「自由な歴史家」であり、「専門はモンゴル史と中央アジア史だが、その業績を踏まえたうえで、氏に狭い専門の枷《かせ》をかけることが間違っている」(同書推薦文)と述べている。

本書に収められた「『心史』にみるモンゴルと日本」「ペルシアの契丹王朝」「モンゴルをすてた遊牧の王」「〝紫髯緑眼〟を訪ねて」「草原の道——民族の移動路」「『茶と馬』の関係」「三

度目の元寇中止の理由」「日本発見はマルコ・ポーロではない?」といった諸篇は、散歩とはいえ、率直にいって私にはかなり程度の高い内容だと、今度読んで痛感したことだった。思えば、内容をよく理解しないまま、興味があるという理由を唯一の頼りに、岩村氏に選書化を申し出たのだろう。例の手帖には昭和四十五年六月九日(火)の欄に、「二時　岩村忍宅」とあるが、この時が初対面だったかどうかは判らない。

岩村氏には、同書刊行の八カ月ほど後、私が平凡社の中途採用試験を受けるに際して、今から思えば臆面もなく推薦状を書いていただいたことだった。岩村氏は文芸が主流の新潮社でこそ珍稀な客だったろうが、歴史や民族学・民俗学関係の学術的な出版物の少なくなかった平凡社にとっては準常連客といっていい大切な存在だ、と私は考えたからである。

〝因縁〟というもの——保田與重郎

長い縁の始まり

保田與重郎著『日本の美術史』が上梓されたのは、昭和四十三年十二月だった。同四十一年一月号から『藝術新潮』で連載が始まり、四十二年十二月号まで二十三回に亘って書き継がれた稿である（四十二年八月号休載）。即ち私の入社前にスタートし、入社時には全体の三分の二程の連載稿が掲載済みだった。私は入社する前からこの連載を読むには読んでいたのだろう。学生時代から関心を抱いていた保田氏のこの文章をなんとか自分なりに読解しようとつとめた筈である。併し、正直なところ前提となる美術的、文学的知識も体験も有ち併せない身に飛躍の多いその文章は容易に読み解けるものではなかったに違いない。

両親と保田氏の関係は既に記した通りで、私が郷里にいた頃に住んでいた陋屋にはささやかな書架があり、保田氏の著書が二十冊ほど並んでいた。今思えば、戦災ですべてを失い、戦後になって両親の集めた大切な本ばかりが狭小なバラック建ての一画にあった手造り書架に数百冊ぐらい収まっていた。その中で保田氏の著書は、同一著者のものとしては群を抜いて多かった。他には昭和二十九年に刊行の始まった『折口信夫全集』が並んでいたのを憶えている。

私は、早くからそれらの本の背を眺め、保田氏の名前が両親の話の中に出てくるのを耳にして育ちもしていたが、実際に同氏の本を手に取り、目を通したのは、高等学校三年になってからだったと思う。大学に進み、上京するに際して保田氏の著作をかなりの冊数その書架から借り出して持参している。

保田與重郎の本を初めて読む読者は、多くが『日本の橋』から入るのではないだろうか。私もまた最初に読んだのが同書であり、次が『ヱルテルは何故死んだか』だったように記憶している。昭和十一年、保田氏二十七歳の出版になる前著は、謂わば氏の文壇デビュー作ともいうべき作品で、翌十二年には「日本の橋その他」で池谷信三郎賞を受けた斬新な詩的文明論ともいうべき文章である。この本を読んだ若い私は、理解という意味ではとても十分とはいえなかったが、読みながら心身の最も深い処から間歇的に噴出してくるものに突き動かされるような異様な興奮を禁じえなかった。文章の力が生身の琴線を生々しく騒がせるという事実を初めて体験させられた書物だったといっても過言ではない。ここで具体的に触れる紙幅はないので、読者の中で興味をもった方には現物に当たってもらうしかない。現在テキストは講談社学術文庫と新学社版保田與重郎文庫で入手できる筈である。

一方、後者はその書名にひかれて読んでみたものの、ドイツ文学、というより西洋についての教養が全く欠落していた当時の私には、半分はおろか四分の一も解らない、難解な書だった。ただ私が西洋の近代についてその後に思いを巡らすようになった時、なんらかの基準を直感的に思い出させるような役割を果たしてくれた書だったように思う。ヱルテルとは云うまでもなく、ゲーテの『若きウェルテルの悩み』のウェルテルである。

保田與重郎を読み解く作業は今も私の手に余るが、覚束ない読み方ながらも初期の〈戦前の〉いくつかの著作に目を通すことによって、二十歳すぎの私はこの文芸批評家が、わが国の伝統文化を慈しみながら、全く新しい文芸批評の道を拓こうとしていた文学者だという印象を感受することぐらいはできた。

そんな保田氏に新潮社へ入れて貰った私が『藝術新潮』の連載に関心を抱かない訳がない。併し、保田氏には数年前に出た『現代畸人傳』を手がけているキャリア十分の担当者・片岡久さんがついていて、当時、『日本の美術史』も片岡さんが本にすべく心算りをしていた。私は、何の下心もなく片岡さんに、保田氏に対する関心や連載中の美術史について、勝手な感想や思いを話すようになっていた。片岡さんは、迷惑がることもなくそんな私の相手をしてくれ、出版部内では余り関心をもつ人の多くなかった保田與重郎について、入社したばかりの若い私が興味をもっているのを喜んでくれているように思われた。片岡さんは当時、〈人類の美術〉〈第一期十四巻）という大きな企画の責任者として多忙を極める一方で、島尾敏雄、辻邦生、北杜夫といった作家も担当していた。出版部内にあっては、独特の嗅覚と粘り勁さを身上とし、正統と異端の双方に目配りのきいた編集者と、私の眼には映っていた。

そんな或る日、片岡さんが「吉村君、あなたがそれほど興味があるなら、美術史の本は手伝ってもらおう」と云い始めたのには正直、こちらが驚いた。そして、連載が終了し、単行本にするに際して挨拶と打ち合わせのため、京都の保田邸を訪うことになったとき、その言葉通り私を同道して下さったのだ。

青二才とはいえ、編集を業とする立場になって初めて保田氏に会ったこの時の記憶は殆どないといっていい。ただ、片岡さんに伴われて訪うたことだけは間違いない。というのも、京の西北・鳴滝の保田邸（身余堂と称した）の玄関を入ったすぐの板壁に主自らの寿歌《ほぎうた》を棟方志功が刻んだ版画が掛かっていて、その版画に「私の娘の名前があります」と片岡さんが嬉んだのをはっきり憶えているからだ。その歌は「三尾山上棟一首　みささぎのこの片岡のとよ秋にわが新室の真木柱はも」、片岡さんのお嬢様の名前は真木さんだった。後日、保田氏は棟方志功に頼み、この版画を片岡さんに贈ったという。

『日本の美術史』と造本

片岡さんから、「あなたに手伝って貰おう」と云われていた『日本の美術史』の仕事は、結局のところ私が単独で手がけることになった。片岡さんが全責任を負っていた大型企画〈人類の美術〉が忙しさを増し、上層部からそれ以外の仕事を手放すよう命じられたため、他の担当作家も含めて、譲らざるをえなかったとは、最近になって片岡さんから聞いた。この仕事を契機に、出版部での保田担当は自ずと私が引き継ぐ恰好になった。今に至っても私はこの担当の譲渡について、片岡さんへの謝意を忘れることがない。

A5判（縦二一・〇センチ、横一四・八センチサイズの本）で四四〇頁のこの本は、本造りという点でも私に初めての貴重な経験をさせてくれた。もちろん、装幀や造本について専門スタッフの援けを受けながらとはいえ、入社二年目、まだまだキャリアの浅い私にこんな大きな仕事を思うままにやらせてくれたものだ、と振り返って些か怪訝な気持すら禁じえないほどだ。

というのも、この本造りについて私は著者の保田氏はもとより片岡さんからも他の誰からも注文をつけられたり指示を受けたりした憶えがないのだ。自らの感覚と思い付きとセンスと、好きな手仕事で思うままに手掛けさせて貰った記憶しかない。怖いもの知らずの若さと、いくらか高揚した気分の中で、勢いにまかせてこの仕事に取り組んでいたのだろう。また当時の新潮社出版部には、やりたいようにやらせておけ、という大様な気風があって、個人技にまわりが口を挟まないという不文律があったような気がする。
この本の判型・頁数は前記した通りだが、私と社内の装幀スタッフとで考えたその造本仕様は、貼函入り（ボール紙の上に別に紙を貼ったブックケース）で、表紙に絹目臙脂《えんじ》色のクロス（といっても本絹ではなく人絹だと思うが）を使い、背の書名と著者名に銀箔を埋めるという、最近ではめっきり少なくなったタイプのこった造りだった。おまけに口絵としてカラー一葉（伊勢神宮内庭）とモノクロ写真三九頁分が別刷りでついている。美術史だから当然とはいえ、なかなか製作コストのかかった造本である。コストにうるさかった当時の出版部長もこの造本に口を挟まなかったのは、重役である斎藤十一さんと保田氏の関係を慮ってのことだったのだろうか。

造本面について、この本の贅沢ぶりをもう一つ付記しておきたい。見返し（表紙と本の中身を繋ぎとめ、強度を保つために表紙の裏に貼ってある紙。裏表紙も同様）に二色刷りの印刷が施されていることである。岡倉天心作と伝えられる日本美術院歌を横山大観が絵を交えて書いた書跡が表と裏の見返しに刷られている。この書跡使用を私が思いついたについてはあらまし次のような背景があった。その背景を記す前に伝天心作の歌を紹介しておこう。

谷中鶯初音の血に染む紅梅花堂々男子は死んでもよい（傍点の字は絵で示されている）
奇骨侠骨開落栄枯は何のその堂々男子は死んでもよい

この書画が刷られた複製を私は多分学生時代に買い求めて手元にもっていたのだ。なぜ私がその複製を買い求めたかについては、偶然ではなく、然るべき理由があったと思われる。即ち、昭和四十年に筑摩書房から出た『現代日本思想大系32　反近代の思想』(編者は福田恆存で、漱石、荷風、潤一郎、亀井勝一郎、唐木順三、山本健吉、小林秀雄の作が収められている)に「日本の橋」が収められたが、同書の月報に保田與重郎が寄せた「日本の歌」という一文を私が読んでいたからであろう。即ち保田與重郎はその短い文章で、伝天心作の前掲歌に触れて、「堂々男子は死んでもよい」(傍点保田稿。以下同)という結句の意味を説くかたちで日本の文学、芸術の根源に発する感動を述べている。その全体を紹介する余裕はないが、一部を引用しておきたい。

私の年久しく考へてきたことは、この死んでもよいといふことばの思想についてだつた。「でも」といふ一言によって了解される、作者のいはんとした意味や思想、さらに人生観といふものについてである。この点について、読者のために註釈すると、「死ぬがよい」「死んだらよい」「死ねばよい」といふのと、「死んでも」は大変にちがふといふことである。思想上でどのやうにちがふかといへば、我国の「歌」が成り立つか成り立たぬか、「文学」が確立されるか、消滅するかといふほどに、本質的にも、次元的にも異なってくるのである。(中略)それゆゑ、「死ぬがよい」「死ねばよい」あるひは「死ぬことと見つけたり」といふときは、「死んでもよい」といふ語の意味するものがまったく出ない。前者の三つは軽薄な方今のニヒリズムに通じる無であり死であるが、「死んでもよい」は春光の四辺、さながら天地の始めにゐるを思はせ、わが魂が天地に充満したやうな、生そのものの状態である。生の原始状態の自覚である。人がその中にあるといふ状態である。（『保田與重郎全集第三十巻』）

この一文を読んでいたからこそ、私は大観記念館を訪うた折に複製を買ったのだ。それにしても、とくに使用許可を求めた記憶はない。「これだ」という思いのままにこの複製を公刊本に転載できた四十年前はおおらかな時代だった。

口絵写真の複写

〈著者は志に根ざした深い情操と自在のこころをたのしみつつ、初心の眼に映るおおらかな民族造形の在るがままのすがたをこともなげに語り継ぎ、活ける伝統に真の敬仰を捧げる。影響や伝播に言及すれば事足れりとする態度や気儘で好事的な近代の審美眼を排して、たとえば湧出する創造の人心に想いを馳せながら庭を語り、勾玉に触れてゆく。後鳥羽院の裾野にひろがる院政時代の美感と熊野や浄土教美術の高さ、戦国の武人や庶民のくらしぶりが育んだ美的生活の在り方――それらに脈流するまつりのこころばえに搏たれ、或は日光東照宮にむけられた俗流の偏見を洗い落して、伊勢や出雲とは異った独自の美を見い出してゆく……伝統に発しながら、むしろ変革の精神が脈打つ斬新な日本の美術史である。〉いま目を通して、些か苦しい文章だなあ、と微苦笑を禁じえないが、二十四歳当時の私が、多分いい気になって書いたであろう帯文である。

これ丈長い文章を編集者が帯に書くケースは余り多くないと思う。表帯《おもて》には編集者によるキャッチコピーが入るのは当然としても、裏表紙側はたいがい目次を並べたり、本文やあとがきから著者の文章の一部を引いて恰好をつけるか、さもなければ然るべき人の推薦文を掲げるのが一般的である。前にも記したが、書籍の編集者にとって帯文を書くのは重要な仕事の一つだろう。当該本の最初の読者として、その本をどう読んだか、どう一般読者にアピールし、興味をもって貰うかを小さいスペースで表現しなければならないからである。更には著者に対するアピールという意味合いもなくはない。

保田氏がこの帯文をどう読み、どう思ったかは知る由もないが、本造り全体を通して保田氏は、あまり出版社や編集者に注文をつけたり、口を挟んだりすることのない人だったように思う。書くのは自分の仕事、文章には全面的に責任を負うのは当然として、書籍というかたちにして売るのは版元の仕事と心得、版元の領分を犯してはならないというわきまえとつつしみを持していた人ではなかったかと、後になって感じたことだった。

それはともかく、カラー一頁、モノクロ三九頁に及ぶ別刷りの写真頁に加えて、本文の随処にカット写真が組み込まれているが、そのレイアウトはすべて編集者である私ひとりの仕事だった。なぜそんなことをしたのか、どうしてもその理由を思い出せないが、口絵に掲げた写真の何枚かを自宅で複写したことははっきりと憶えている。写真家から借りていた紙焼きを何らかの理由で急ぎ返却しなければならなかったからだろうか。夜、独り暮らしのアパートで家中にあるだけの電気スタンドを集めてライティングし、持っていた一眼レフカメラを三脚に据え付けて複写したのだった。よく見ると何点かの口絵写真の隅が少しボケ気味なのは、忘れもしない複写中に電気の熱で紙焼きの隅が反ってしまってピントがずれた結果である。アバウトな〝手づくり〟によるほほえましい瑕疵とでも云って懐しみたい類いの思い出である。

もとより、口絵・本文を問わず写真は職業写真家と『藝術新潮』写真班の撮ったものが殆どで、あとは博物館や画廊から借りたものばかりだが、中に二点だけ素人の撮った写真が紛れ込んでいる。口絵に使った〈方広寺石垣〉と本文三〇八頁に組み込まれた〈土佐の神楽面(百姓面)〉がそれである。前者は京都に行った時に私が撮影したもの、後者は私事ながら私の父が撮った写真なのだ。

私はすっかり忘れていたのだが、この稿を書くに当たって読み返しているうち、次のような条《くだ》りに出くわして、少々気恥ずかしさを感じたものだった。

最近も旧知の詩人吉村淑甫氏によってしらされた、土佐の神楽面に、私は感嘆した。その村々の神楽に使ふ面よりも、村の家々に古くから祭ってきた面に私はふかく感動した。吉村氏はそれを百姓の手づくりの面、百姓面とよんだ。それらは家の守護神だった。

と書き出された一頁余の記述である。（三〇七頁〜三〇八頁）

最近父にこの条りについて質してみると、『藝術新潮』連載中に父が地元の小冊子に写真入りで紹介した面に関する考証エッセイを保田氏に送ったところ、それらの面の紙焼き写真を送って欲しいという依頼があって、何枚かを送ったことがあったという。

ついでに、と云っては語弊があるが、口絵中には故里の土佐に関係する写真がもう一点一頁を使って掲げられている。雪蹊寺の〈善膩師童子像〉である。保田氏はこの像にふれて、「土佐の国に残った同門（快慶と——吉村註）の作者の善膩童子像は、多少歳月自然の手で作者個性の癖を削いでもらってゐるので、一層可憐になったものだが……」と記している。（三一〇頁）

思い出すまま、思いつくままに『日本の美術史』単行本化の仕事にまつわるエピソードを記してきたが、この仕事をきっかけとして、三年後には保田與重郎の唯一の歌集『木丹木母集』を企画して珍しく喜んで貰ったし、その十数年後、保田氏の死後まもなく全四十五巻に及ぶ〈保田與重郎全集〉（講談社刊）の仕事にフリーランスの立場で取り組むことになったのは因縁というほかない。

身余堂での時間

因縁といえば、氏にこんな文章がある。

日本の美術史を書いたのは、年来心に蔵してきたものを形ある文章にするだけのことだつたが、斎藤十一さんの直接の機縁がなければ、これも出来なかつたのである。そのころ京都の古い町に残つてゐる世ばなれたやうな、古い人情のしきたりをかき綴つて、わが歴史へのこころをうつすといふことを、菅原國隆さんからいはれてゐたところへ、これをきいて、うむもなく日本の美術史にかへたのは斎藤氏の強気だつた。わが三十代の始めに芭蕉をかいたのも斎藤氏の押しつけがあつたからだつた。とてもその力もないといふ私の言訳けを、彼はききいれなかつた。その時から三十年、私はこの旧著をひらいたことはないが、それをしておいて悔いない感じのする書物である。因縁といふものは限りなくたどれて、上下左右に及ぶ、即ち時間空間にわたり、自他の別さへなくなる。日本の美術史が近世にすすんで、私のこころはゆきなづみ、私は斎藤氏にその嘆息をもらした。それが今度の日本の文学史執筆の動機である。

『日本の美術史』刊行の後、昭和四十四年八月号から『新潮』に連載が始まった「日本の文学史」

の序（説）である。因みに同連載が終わり、単行本『日本の文学史』として上梓されたのは昭和四十七年五月、その時私は既に新潮社を辞していた。

それはさておき、保田與重郎という稀有の文学者の、重要な戦後の文業は斎藤十一さんがいなかったら、今日のようなかたちで後世に伝えられなかったろう。文人として生きた保田與重郎の信実は些かも変わりなかったにしろ、『現代畸人傳』に始まる戦後の仕事が、新潮社という版元から世に問われることがなかったら、今日の保田與重郎像は少しく異なった伝えられ様になっていたかも知れない。そう考えると、斎藤十一さんの強引とも思える強気や「押しつけ」がいかに大きな役割を果たしたかを痛感させられる。

私が保田氏を京都の御宅（身余堂）に訪うたのは、五～六回程だったろうか。新潮社時代だけでなく、平凡社に移ってからも月刊誌『太陽』の原稿依頼にかこつけて伺ったこともあった。きっと気むずかしい人に違いない、という初めの頃の気後れは、全くの杞憂だった。といって、何も愛想よく歓迎する、という風もとりたてて感じられない。ただ奥様が関西の方らしい柔らかさと気遣いを示して、若い私を暖かく迎えて下さるのにはいつも安堵を感じていた。和風の客間に卓を挟んで座す六十歳前後の保田氏は、私の思い込みとは全く違い、常住坐臥にわたって自由自在な人だった。そう云ってよければ、背筋を伸ばした行儀のいい人という形容とは無縁の寛ぎが、人を無警戒にさせるようなところがあった。若い私は最初のうちこそ緊張していたが、そんな保田氏の応対ぶりに、いつの間にか気が緩み、リラックスしすぎてしまったことさえあって、後で反省したものだ。要するに、応接する相手が誰であっても、夜を徹して話し込むという生活スタイルは終生変わらなかった人だったように思う。話柄といって文学の話より、トリビアルな世情・風俗・人情に亘る話が多かったが、その発語・発言は甚だ不明瞭、かつ飛躍の多い内容は半分もよく聴きとれぬという人もいるぐらいだった。にも拘らず、ダラダラといつまでも話が終わらない。途中、何度か話が途切れ、そろそろ帰れ、という合図かと思ってこちらが腰を浮かそうとすると、また話が始まる。そのうちまた話が途切れると、夏なら立ち上がってはだけた浴衣の前を不器用に整えて座り直す。冬は手元においた自分用の手あぶり火鉢の炭を火箸でつついたり、跨火鉢せんばかりの姿勢で暖をとろうとする。もうだいぶ前から保田氏は立て膝になり、私は胡坐をかいている。二人ともヘビースモーカー、保田氏は当時でもめったに見かけなかった〈朝日〉という煙草の空洞になっている喫口を押しつぶし、冬なら炭で火をつけて口に銜えながら、とにかく終わりがなく、ケリがつかない座談が果てしなく続くといった具合だった。ある時なぞ、こちらが良識を働かせて、もうお暇しなければと思ってもなかなか立ち上がるキッカケがつかめないまま、日のあるうちに伺ってとうとう午前三時を過ぎたときには、私の方が眠くなってしまった。その時は夏だったのだろう。保田氏は薄掛けをもってきて、「ここ（応接座敷）で寝たらいい」と言い残すや、いつの間にか書斎に消えていた。

どんな話をしたか殆ど憶えていないが、人の育った環境や家系・出自、平たく言えば〝お里〟の話はお好きだったように思う。言うまでもなく、〝制度的〟な話ではない。要するに保田流の人間と社会に対する興味の持ち方の表現だったのではないか。

そう云えば、ある時私が意を決するように「中野重治という人は（若い頃）どんな人でしたか」と訊ねたとき、一呼吸おいて一言「陰気な人でしたなあ」と答えて、それ以上の話を自ら遮ったのを鮮明に憶えている。

因縁ついでに記せば、仕事の縁は今に続いていて、京都を撮って人気のある水野克比古氏の写真を中心にした『保田與重郎のくらし――京都・身余堂の四季』（新学社刊）という本の編集を請け負い、一昨年末、江湖に送り出すことができた。

思いもかけなかった大仕事——三島由紀夫との千日

スター作家の実務担当に

三島由紀夫氏と仕事上の関係がいつ生じたのか、はっきりした記録も記憶もない。ただ例の手帖の昭和四十三年版をみると、三月中旬の一週間を除いて一月から四月までは全くの白紙だが、五月二日に〈3・三島〉とあるから、その頃までには何らかの〝お使い仕事〟を命じられていたのだろう。

三島氏の場合、出版部長の新田敞さんが『週刊新潮』のデスク時代から実質的な担当者を務めていて、その下に出版部の若手が実務担当者として随く、という変則的なかたちになっていた。そうなった詳しい事情は知るところではないが、何でも三島氏の『宴のあと』(昭和三十五年　新潮社刊)がプライバシー侵害で裁判沙汰になったとき、当時『週刊新潮』編集部にいた新田さんが三島氏のために尽力して以来だと聞いた。

それはともかく、私が入社した頃は、私より二年程先輩の出版部員が部長の指示に従って実務を担当していた。それがどうして私と交替したかについては、確たる理由を知らされないまま、或る日唐突に「吉村君、三島さんの仕事を手伝うように」と簡単に命じられただけだったと思う。前任者が時間にルーズだったため、三島氏からクレームがついた、というあたりが交替の理由だったように、後で誰かにきかされた曖昧な記憶が残っている。

実務担当を命じられた時の私の反応については、特に思い出すこととてないが、それなりに緊張を覚えたに違いない。いや、妙にリアリティーがなかったのかも知れない。ただ私は自分にこう云い聞かせたことだけは憶えている——他の仕事にもまして、不即不離の関係を保ちながら、果たすべき範囲の仕事を誠実に遂行するだけだ。三島氏だからといって特別な存在だと考えてはいけない、と。そう強く念じたのは、三島由紀夫というスター作家と付き合うことが二十代前半の私にとってかなりの重荷だと感じたからでもあろう。あの衝撃的な事件の二年八カ月ほど前のことである。

昭和四十一年六月に『英霊の聲』（河出書房新社刊）を世に問うて以来、三島氏はいっそう戦後民主主義なるものの欺瞞を訴える行動家としての相貌を露わにし、四十三年二月と七月には、後に〈楯の会〉を構成する若者を引き連れて、自衛隊に体験入隊したりしていた。そうした彼の行動はその頃まだ世間からは半信半疑でしか受け取られていなかったように思うし、私も同様にもう一つ真意を測りかねるようなところがあった。その言動の過激さゆえに、却ってパフォーマンスに見えないこともなかったが、逆説家の趣味や性癖だけでリスキーな道化を演じているとも思えない……と戸惑いを感じていたのだろう。とはいえ、その行動はともかく言説には共感するところのあった私は、好奇心を刺戟されこそすれ、不安のようなものは感じなかった。私もまた若く怖れを知らぬ青年だった、ということになろうか。そうした個人的な感慨以上に、なによりも仕事《ビジネス》なのだという現実を前にして、大過なく仕事を務めなければならない、と胆に銘じていたに違いない。

昭和四十三年五月頃といえば、遺作となった「豊饒の海」四部作のうち、第一作「春の雪」は『新潮』連載がとうに終わり、第二作「奔馬」の連載も終盤に差しかかっている時期で、二冊は年内に単行本として刊行される予定になっていた。事実、手帖のメモには、六月二十二日（土）の欄外に〈三島「奔馬」入稿〉とあり、七月六日（土）欄外には〈上旬「春の雪」初校出る（予定）〉、七月二十四日（水）〈三島氏来社「春の雪」装幀PM3〉とあって、この秋の二冊刊行をめざし、順調に準備が進んでいた様子が窺える。そうして十月二十四日（木）には〈「春の雪」見本出来〉と記されている。因みに見本というのは、書店での一般発売に先立って、東販や日販といった取次店に配本を依頼する必要から納める現物見本であり、同時に著者の手元に届け、更になるべく早く宣伝用に新聞社や関係する雑誌編集部などに寄贈するため、先行して造られる限られた部数の本である。この本の刊行に作家生命を賭していた三島氏は、少しでも早い本の出来上がりを希んでいたように思う。というのも、文芸ジャーナリズム関係者や然るべき書評家に先行して読んで貰うための時間をなるべく長く与え、一般発売から間をおかずに書評や文芸ニュースとして採り上げ、話題にして貰えるようにとの配慮からだった。従って書店での一般発売は十月末から十一月初旬ぐらいを予定していた筈である。

ところが、このスケジュールは三島氏側からの要請で突然、変更になった。

『春の雪』の発売延期

昭和四十三年十月十七日、川端康成のノーベル文学賞受賞が正式に発表された。科学部門以外での初受賞とて、日本中がこのニュースに沸いた。川端康成といえば、三島氏が文学上の師と仰いだ唯一の人といっていいであろう。それまで自らもノーベル文学賞候補に挙げられながら受賞に至らなかった三島氏が、師の受賞を我がことのように喜んだのは云うまでもない。さっそく鎌倉の御宅に伺って祝意を表し、受賞者を前にその文学についてインタビューする三島氏の姿がブラウン管に映し出されたものだった。その映像を見た私は、師と対談する三島氏の表情に喜びを湛えた初々しさはともかく、妙にはしゃいだ印象さえ受けたのを憶えている。その時、三島氏は、川端氏の受賞が自分にとって何を意味するかを十分に知っていた。即ち、これで自分がノーベル賞を受賞するという希みは絶たれた、と。この現実が、その後の彼の行動に全く影響を与えなかったと云い切れるかどうか……いや、そんな詮索は差し控えるべきだろう。川端康成は十二月十一日ストックホルムでの授賞式に出席、「美しい日本の私」と題する記念講話を行って責を果たした。こうしてほぼ二カ月に亘るマスコミの祝賀ムードは徐々に沈静化していった。

話を戻そう。三島氏は川端康成の受賞騒ぎと自らの畢生の大作「豊饒の海」第一作『春の雪』発売がぶつかるのを避けたかったのである。表向き川端氏の慶事に際して、自作の発売を慎むべきだという気持もあったのだろうが、それ以上に同書の刊行が受賞騒ぎの中で埋没してしまうのを何よりも恐れた。この事情は版元である新潮社とて同様で、ましてや同社は川端康成との縁も浅からぬものがあり、受賞に伴う応対にも力を注がなければならなかった。従って出版部長と三島氏の間で、秋の刊行を見送り、現下のノーベル賞受賞騒ぎが一段落するであろう翌年早々、初荷として発売することが決まったのは自然の成り行きだった。

併し、その決定があった時点では、既に見本は出来上がっていて、そのうち百部以上がマスコミや文芸ジャーナリズムの関係者に寄贈されていた筈である。たしかノーベル賞受賞より大分前に貰っていた川端康成はじめ、大江健三郎、北杜夫、渋澤龍彦各氏の推薦文を添えた挨拶状とともに私が発送を了えていたのは間違いない。見本とはいえ、新春に書店に並んだ『春の雪』と全く同じものである。ただ一カ所だけ違っていたのは、本の奥付に記された印刷日と発行日だった。

今、私の所蔵している『春の雪』は昭和四十四年一月五日発行の初版だが、『定本三島由紀夫書誌』（一九七二年　薔薇十字社刊）によると、前記の見本本は発行日が昭和四十三年十月三十日となっていた。後にこの昭和四十三年十月三十日発行の奥付をもつ少部数の見本本が、〝幻の初版本〟と称されて、古書店で法外な高値がついたのは思いがけぬことだった。後にとは、云うまでもなく三島事件以後である。多少の浮沈はあっても、その頃の日本経済は全体として右肩上がりの成長過程にあった。要するに経済が拡大し続けていたのだ。古書の世界にもその余波は及び、然るべき古書の取り引きは活発で、歴史的価値の高い近代の文芸書や作家の書跡・生原稿類が資産のように売り買いされるようになり始めていた。そうした背景があったとしても、『春の雪』幻の初版本のケースは極めて特異だったと云えるだろう。

そう云えば、三島事件が起こった後しばらくは三島氏の本が売れ、書店からの注文に応じきれない事態も少なくなかった程だが、当時営業部員から聞いた次のような話には耳を疑った。なんでも関西の方で、普段書店には足を運びそうもない一人の男性が店頭に現れ、店員に向かって「三島先生の本を一メートルばかり揃えてくれ」と手振りを交えて注文していったという。私はとっさにその話を理解しかねた。営業部員の続ける話を聞いてやっとわかったことは、本を立てて並べて（背文字だけ見える状態）、幅が一メートルぐらいになる冊数の三島本が欲しいという注文だったという。本一冊の厚みを二センチ五ミリとすれば、四十冊分になる計算だ。にわかには信じ難いこの話は極端な例だとしても、一時期、古書店で幻の初版本に高値がついたのは、それを欲しがる客がいたからだとしか考えられない。

　ところで、この幻の初版本について私自身の少しばかり後ろめたい思い出を記しておこう。当然のことながら私は実務担当者として十月三十日奥付版を暫くは所蔵していたが、前掲『三島由紀夫書誌』で確かめなければならなかったのは、早くにそれを神田の古書店に売ってしまったからである。私が新潮社を辞め、平凡社に移ってからのことである。数年前に発売されたときの定価が六八〇円だったものを、古書店はその十倍くらいの値段で引き取った。私がそうしたについては、金銭の魅力は当然として、稀覯本をありがたがる趣味がなかったという理由のほかに、気持の問題も少なからず影を落としていたと思う。というのも、三島氏の死と私の新潮社退社との間には微妙な関連があったはずだと、退社後に先輩部員から聞かされた。今その詳細を語る紙幅はないが、要するに私は退社にまつわる苦い過去を捨ててしまいたかったのだ。仕事上で三島氏と付き合いのあった二年半余の思い出を葬り去りたい、という気分も手伝って、私が幻の初版本を売り払ったのだと云えば、弁解が過ぎるということになろうか。

〝わが友〟をめぐって

「豊饒の海」第二部「奔馬」を書き上げ、休む間もなく第三部「暁の寺」の連載を始めた翌月、昭和四十三年十月に〈楯の会〉が正式に結成されている。若い読者のためにこの会のことを簡単に註記しておくと、一九六〇年代後半に盛り上がった左翼的ムーブメントに抗して、〝日本を護る〟という立場から三島氏が同憂の若い人たち百名足らずを率いて組織した「武器も持たない、世界で一等小さな軍隊」（「『楯の会』のこと」）の名称である。同年十二月に三島氏が記した「反革命宣言補註」（『文化防衛論』所収）の末尾に「楯の会」の思想的立場を次のように述べている。

われわれは、自民党を守るために闘うのでもない。もちろん、われわれの考える文化的天皇制の政治的基礎としては、複数政党制による民主主義の政治形態が最適であると信ずるから、形としてはこのような民主主義政体を守るために行動するという形をとるだろうが、終局目標は天皇の護持であり、その天皇を終局的に否定するような政治勢力を、粉砕し、撃破し去ることでなければならない。

手帖によると、八月十日に〈午後三島氏来社「春の雪」の件（投込み）、「わが友ヒットラー」〉、十月九日には〈「わが友ヒットラー」原稿について連絡あり〉とメモされている。先に記したような事情から『春の雪』の発売がズレたことによって、刊行日からいうと同年十二月十日発行の奥付をもつ『わが友ヒットラー』が私の手掛けた三島氏の最初の本となった。私はその書名を知ったとき、ドキッとした記憶がある。前記のような当時の三島氏の政治的言動に思いを致せば、私ならずとも「エッ」という戸惑いに似た驚きを覚えたことだろう。一瞬〝わが友〟の〝わが〟が三島氏に重なるような錯覚に捉われたものである。当然作者も、そうした効果を計算したうえでの題名だったに違いない。

この作品は、演出家・松浦竹夫とともに創立した「劇団浪曼劇場」の旗上げ公演のために書き下ろされた戯曲である。その帯に私が書いた短文によって本書の内容を紹介しておこう。

「一九三四年六月下旬、ヒットラーは三人の男を首相官邸に招いた――突撃隊長レーム、労働党首シュトラーサー、戦争を商売にする鉄鋼王クルップ――彼等は旧交を温め、今後の政局に助言を賜りたいというヒットラーの要請で集まってきた。孤独な賭を胸にひたすら自らが傷つくことを怖れるヒットラーの前で、熱い友情と未来を信じるレーム、策を弄し不安に怯えるシュトラーサー、ペイを求めて譲らぬ老獪なクルップ。独裁政権誕生前夜の孤独な〝わが友〟をめぐって、三人の男がその命を決した歴史的な数日を、冷たい言語の生み出す不思議な熱気の中に再現し、『政治と人間』のカラクリを衝いた注目の戯曲〈44年1月上演決定〉」。大きめの活字でゆったり組んで一四四頁、全三幕の戯曲に登場するのは男四人だけ、昭和四十年十一月に刊行された女六人だけの戯曲『サド侯爵夫人』（河出書房刊）と対をなすよう意識して書かれた作である。

ところで、この作品は、単行本として刊行される一カ月程前に文藝春秋の純文学雑誌『文學界』十二月号に発表されている。通常なら初出発表誌の版元、この場合なら文藝春秋が単行本を出すところだが、著作権者の三島氏は単行本化権を新潮社に与え、しかも『文學界』編集部に原稿を渡すのとほぼ時を同じくして同作の自筆稿コピーを新潮社に託したのだった。異例ともいうべきこの著作権行使は、文藝春秋の対応や芝居の上演が迫っているという事情があったにしろ、当時の三島氏の力と新田部長との関係を物語っているといっていいだろう。法的に云うと、雑誌発表権と単行本化権はそれぞれ独立していて、著作権者の意向が最優先されることになっているが、最初から意図して、初出誌を刊行する版元とは別の版元から一カ月後に単行本を出すという著作権行使の例は珍しい。三島氏と新田部長との間で合意が成立したビジネスという訳だったのだろうか。

この仕事を捗める間に、三島氏に誘われ、氏が顔を見せている日に浪曼劇場の稽古場を訪ねたことがあった。その折、初めのうちやや後方で稽古を見守っていた三島氏が、我慢しきれないといった様子で途中から役者に注文をつけはじめたのだ。もちろん演出家の松浦竹夫氏もいたが、三島氏は松浦氏に同意を求める声をかけつつも、演技指導を買って出る場面があって、私は〝なるほど〟と思ったものだった。松浦氏といえども作者の意向を無視できないばかりか、むしろ三島氏に同調し、その意向通りの指示を役者に出すイエスマンのような印象さえあった。芝居を知悉し、自らの演劇観に自信をもっていた戯曲家の前では、そう振る舞わざるをえなかったのだろう。翌四十四年一月に新宿の紀伊國屋ホールで初演されたが、ショッキングな題名のせいもあってか、『サド侯爵夫人』に比べると、世評はいまひとつだったように憶えている。私もまた性がテーマとなった「サド……」に比べると、政治と権力を扱った「ヒットラー……」は理が勝ちすぎて、最後のヒットラーの台詞が読めてしまう弱さがある気がした。因みにその台詞とは、左右の両雄（シュトラーサーとレーム）を斬り、最後に残った資本家のクルップを前に「さうです。政治は中道を行かなければなりません。」というものである。

『サド侯爵夫人』の新装本

『わが友ヒットラー』が『サド侯爵夫人』と、対をなす戯曲と紹介したので、ついでに同書にも触れておこう。マルキ＝ド＝サド、俗にサド侯爵と云い慣わされるその人物とは、十八世紀のフランス貴族社会にあって反道徳の罪で獄に繋がれ、その作「ジュステーヌ」や「悪徳の栄え」などからサディズムという言葉が生まれた特異な作家・思想家である、とでも云っておこう。このサド侯爵を本格的に日本に持ち込み、その文学と思想を自家薬籠中のものとしたのは渋澤龍彦氏だった。渋澤氏が『悪徳の栄え』を現代思潮社から翻訳刊行してワイセツ文書扱いされたのは昭和三十年代半ばのこと、現在から見れば笑止といってもいいような裁判だろうが、戦後文学史のうえでは、早く『チャタレー夫人の恋人』が同容疑で裁判沙汰になった一件とともに忘れることの出来ない〝事件〟だった。

　それはさておき、三島氏の『サド侯爵夫人』が渋澤龍彦氏の『サド侯爵の生涯』に刺戟を受けて生れた作であるのは、副題のように「――渋澤龍彦著『サド侯爵の生涯』に拠る」と明記されている通りである。跋文（著書の最後に記される文）に、「私がもつとも作家的興味をそそられたのは、サド侯爵夫人があれほど貞節を貫き、獄中の良人に終始一貫盡くしてゐながら、なぜサドが、老年に及んではじめて自由の身になると、とたんに別かれてしまふのか、といふ謎であつた」とあって、創作の直接的な動機を窺うことが出来る。

断っておくが、私が手がけたといっても、昭和四十四年五月刊の新潮社版はリメイク本で、前回記したように最初の刊行は河出書房からだった。昭和四十年十一月に河出から本が出るとほぼ時を同じくして、新宿紀伊國屋ホールで劇団ＮＬＴによって初演されている。その本をなぜ私が改めて手がけることになったのか。理由は簡単である。昭和四十三年四月に版元の河出書房新社が倒産したからである。機をみて敏なる新田さんが、版元を新潮社に移して新装版の刊行を提案し、三島氏が躊躇を振り切って同意したのではないか。世評の高い同書を河出とて手離したくはなかったろうし、三島氏といえど、坂本一亀さんに代表される河出への恩義を感じていて、出版権譲渡にはためらいもあったと思われる。というのも、新潮社で新装版を出すことが決まって編集実務を私が受け持つことになった時、三島氏は弁解するようにこう云ったものだった。「僕も河出には恩があるし、再建を見守っていようと思って我慢してたんだ。でも実際には印税が支払われてないのに、税金がかかってくるに及んで、おたくで出すのも止むなしと考えざるをえなくなった」と。その時も今も税金云々の実態は判らない。ただ、印税の支払いが滞ったのは間違いないところだろう。

新装本と云っても、一つだけ大きな違いがあることに今回気がついた。河出版は新かな・新字体だが、新潮社版は歴史的仮名遣い（旧かな）・正字体を採用していることである。ともに函入り、一六〇頁台の本だが、装幀は一新され、新潮社版の見返しにフランス十八世紀の画家で、ロココ美術の先駆けとなったヴァトーの絵が使われているのは三島氏の指示による。河出版の帯には、江藤淳と山本健吉の推薦文があって、江藤は「果して今日の日本の新劇界にこの『サド侯爵夫人』の、複雑華麗なせりふをこなせる女優が何人いるか知らない。」と述べて高く評価している。帯といえば、新潮社版で私が記したコピーを例によって引き写し、本書の内容解説に代えさせて貰おう。

まず表面《おもて》には「獄に繋がれたサド侯爵を待ちつづけて老いた妻と突然の離婚の謎——貞淑がそのままエロティシズムに踏み迷う人間性の深奥を描出して世評高い戯曲！〈44年5月劇団浪曼劇場再演〉」とあり、裏面《うら》には「繊細に飾りたてられたロココのサロンに出入りする六人の女達の話題は決ってあのサド侯爵についてだった。繰返される淫乱な夫の行状をあくまで庇う妻ルネの貞淑は世の貞女のものではなく、健全な彼女の母は娘を悪徳の淵から救い出そうと画策をやめなかった。そんな母と姉をよそにサド侯爵とヴェニスに遊んだ無邪気な妹アンヌ、好色に興じるサン・フォン夫人、慎み深いシミアーヌ夫人、そして短く口を挟む召使のシャルロット——精緻・奔放な言語を駆使する六人の女性に、悪徳という名を負うて天国への裏階段を昇ったサド侯爵を語らせ、人間性に潜む不可思議な混沌（サド侯爵はあなたであり、私である）に迫った世評高い戯曲」と記している。因みに河出版を引き継ぎ、巻頭十四頁にわたって渋澤龍彦氏の「序――サド侯爵の真の顔」が寄せられているのは、著者の跋文と併せて興味深い。

女六人のおしゃべりが飛び交い、ぶつかり合い、混沌としつつ響き合って、言語の機能を最大限に知らしめてくれるこの台詞劇は、間違いなく三島戯曲の最高峰の一つだろう。『わが友ヒットラー』同様に止メのせりふが決まってから書き始められたというが、獄から放たれ自由の身になって帰館した侯爵に貞淑な妻ルネが召使いを通じてこう告げるところで幕が降りる。

お帰ししておくれ。さうして、かう申上げて。「侯爵夫人はもう決してお目にかかることはありますまい」と。

台詞に酔うということ

この戯曲を私なりに評して、「言語の機能を最大限に知らしめしてくれる」と前述したものの、その表現が適切であったかどうか、些か舌足らずではなかったかと反省するところなきにしもあらずである。そのあたりの事情を、もう少し立ち入って話しておかなければならない。

私がこの芝居を初めて観たのは、昭和四十四年五月の再演時である。新潮社版の巻末に付されたデータによると、劇団は浪曼劇場、演出は初演時と同じく松浦竹夫で、劇場は農協ホール

（大手町）とある。ついでに記せば、初演と同じ役者は、モントルイユ夫人の南美江とサン・フォン夫人の真咲美岐だけで、あとはアンヌからサド侯爵夫人に役どころを変えた村松英子を別にして、服部マリ、小林トシ子、田中佐世子が再演の舞台に初めて立っている。女性六人だけの舞台背景は極めてシンプルで、フランス貴族のロココ趣味をあしらった一室を使い廻したように思うが、作者が「目のたのしみは、美しいロココ風の衣裳が引受けてくれるであろう」というようにコスチュームだけは華やかだった。

三島由紀夫という作家は、自作について自解し尽くしてしまう癖があり、いっそ宿痾《しゅくあ》と云いたい程だが、その解があまりに行き届きすぎるために、却って損をしているのではないかという気がしてならない。この戯曲についても同様で、跋文で作者はこう自解している。「いはばこれは『女性によるサド論』であるから、サド夫人を中心に、各役が女だけで固められなければならぬ。サド夫人は貞淑を、夫人の母親モントルイユ夫人は法・社会・道徳を、シミアーヌ夫人は神を、サン・フォン夫人は肉欲を、サド夫人の妹アンヌは女の無邪気さと無節操を、召使シャルロットは民衆を代表して、これらが惑星の運行のやうに、交錯しつつ廻転してゆかねばならぬ。舞台の末梢的技巧は一切これを排し、セリフだけが舞台を支配し、イデエの衝突だけが劇を形づくり、情念はあくまで理性の着物を着て歩き廻らねばならぬ。（中略）すべては、サド夫人をめぐる一つの精密な数学的体系でなければならぬ。……」

ここまで記されると、「そうか、そうだろうな」と憎まれ口の一つもききたくなるが、こんな解説は戯曲そのものの出来栄えや成功とは少しも関係ない。レーゼドラマ（読むだけのための戯曲）というジャンルもなくはないが、戯曲はあくまで芝居として舞台にかけられ、一回性の観客をいかに楽しませるかにかかっているといっていいだろう。私が『サド侯爵夫人』を三島戯曲の最高峰の一つと思うのも、その芝居を観た時の感興を今に思い出すからにほかならない。といっても、私はとりたてて芝居好きという訳ではなく、三島戯曲の舞台もいくつかしか観てないし、生来の出不精も手伝って、劇場に足を運ぶ回数は極めて少ない。仕事の上で縁があって招待を受けたり、義理のために観客になることがある、といった程度の素人である。『サド侯爵夫人』もそんな一例に過ぎなかった。

客席で舞台に目を凝らし、台詞を聴き漏らすまいと幾分緊張した気分で観劇しながらも、私はどうしても台詞から意味を読み取り、論理を辿ろうとする努力から逃れられないでいた。これはこれで、私の悪癖かも知れない。よくも悪しくも批評的な感性が先に立って、解釈したいという思いに急かれる傾向があるのは自分が一番よく知っている。もっと素直に楽しんだり、面白がったりすればいいのだろうが……。もっとも、三島戯曲は観る者の涙腺に訴えるタイプの芝居ではなく、ましてや腹を抱えて面白がる芝居でもない。併し観ていた私はいつの間にか台詞を読み、論理の応酬を辿ることなどどうでもよくなっている自分に気がついた。何か高揚した気分に引き込まれ、乱舞する言葉＝役者の声にのって伝わってくる台詞の響きに酔ったように身心をまかせているような状態になっていったのだ。そのとき私の中で言葉が音楽になって聴こえていたと言えば、陳腐な表現に過ぎるかも知れない。舞台以外の一切が消失し、間然するところのない言葉だけで成り立った世界に踏み迷って、精神が高調の極みに昇りつめるのをとどめかねていた。そう云ってよければ、さっきまでのロゴスの世界をエロスの陶酔が覆いつくしていくような感じさえあった。これが芝居なのだ、劇なのだ、ギリシア劇以来、理性を超えた非合理性によって人々を動かしてきたものはこれではないか、とさえ見終えた後に思ったものだった。私が冒頭に記した「言語の機能を最大限に知らしめてくれる」という表現は、いっそこう云い換えたほうがいいかも知れない。「言語が言語の機能を超えて、人を惑わす妙薬と化した」と。

後に平凡社で『戯曲と実生活』と題したエッセイ集を担当したことがあったが、その著者で劇作家の秋元松代氏の書いた『近松心中物語』を帝劇で観た時も、三島劇とは全く質を異にしながら、その台詞に酔ってカタルシス（心が洗い清められる作用）を味わったことがあった。ともに戦後を代表する劇作家だと、古い考えで私は信じている。

『サド侯爵夫人』が出来上がって、見本を三島邸に届けたとき、三島氏は表帯のコピーに目をとめて、珍しく褒め言葉を口にしたのは、特に意識していなかった私にとって少々意外だった。「貞淑がそのままエロティシズムに踏み迷う」のフレーズが気に入ったのだろうか。

国立劇場との縁

二冊の戯曲作品を本にした話のついでに、三島由紀夫と国立劇場の関わりについて記しておきたい。というのも、大学時代に同期だった織田《おりた》紘二氏が、私と同じ昭和四十二年に、出来て間もない国立劇場に職を求めたことから三島氏と繋がる縁が生じたのである。従って以下に記す事柄は後年織田氏と旧交を温めた際に彼から訊いた話に概ね基づいている。

彼と私は上京して同じ三鷹の学生寮で東京生活を始めたという関係から、それなりの付き合いはあったが、とりたてて親しいという程の間柄ではなかった。彼は私の目に、大学で重きをおく教授の研究室に早くから出入りして私設秘書のように老齢の教授の面倒をよくみるタイプの学生のように映っていた。今でも憶えているが、研究室を出る老教授に「先生、お帽子」と云って、さっとハンガーから帽子をとって渡す、といったことが自然に出来る人だった。私にはとても真似のできないその種の彼の振る舞いに正直違和感を覚えたことすらあったほどだ。そんな訳で学生時代は少し距離をおいて意識しているというくらいの間柄だったように思うが、三島氏が自裁した後に彼と話す機会があった時、私はそれまで彼に抱いていた学生時代の印象が打ち砕かれるのを感じた。かつての違和感が一気に親和感に変わったのだ。一言で言えば、彼は本然に従って素直に生きてきたのだと、若さゆえのわが狭量を恥じる思いだった。それももう二十年以上も前のことになろうか。

北海道出身の織田氏は、上京後に初めて歌舞伎を観て興奮し、その虜になってしまった。國學院大學は折口信夫博士の学統を受け継ぐ芸能史を重要な講座とし、弟子筋に当たる著名な学者もいたが、商業演劇としての歌舞伎は必ずしも主要テーマではなかった。歌舞伎に入れ込んでいた彼は、自分の籍をおく大学では満たされない講座を求めて早稲田大学に通った時期があったという。同大学には、河竹繁俊の後を継いで歌舞伎研究に新生面を拓いた郡司正勝教授がいたからである。織田氏は、郡司教授の授業に出、その研究室に入りびたっていたという。因みに彼が卒業論文で〈周防（山口県東部）の猿廻し〉を採り上げたところから、この特異な伝統芸に再照明が当たって他の地方でも復活が試みられたときく。少し前までTVでときどき見かけた猿軍団と称するショーもその延長線上で生まれたのではないかという気がしている。

その織田氏は現在国立劇場の理事職にあるが、四十年前は初々しい歌舞伎オタクだったのだろう。彼が勤めはじめたと同じ時期（昭和四十二年四月）に三島氏も国立劇場の理事に就任している。一足早く理事になっていた大佛次郎とは演劇観の違いから意見が対立することが少なくなかったときく。十二歳の時、祖母に連れられて観て以来、三島氏の芝居好きもまた半端ではなく、とりわけ歌舞伎について、造詣と愛着が深かったのは知られている通りである。私は新潮社のパ、シ、リ、編集者として、織田氏は国立劇場の見習い学芸員として、昭和四十二〜三年頃ともに仕事を通じて三島氏とは付き合いがはじまったということになる。三島氏が私に対して国立劇場や歌舞伎の話をしなかったのは、地方出身の私が歌舞伎について何も知らず、三島氏の国立劇場理事就任にも関心を払う気配がないと見て取ったからだろうか。近頃のように歌舞伎が大衆化し、役者がアイドル化する前であれば尚更である。織田氏の語るところによれば、三島氏は用があって三時頃に新潮社を訪ねると、帰途その足でよく国立劇場に立ち寄っていたという。国立劇場に来た三島氏はひどく寛いだ様子で、若い織田氏を相手に身振り手振りを交えながら面白おかしい雑談を楽しんでいた、と彼から訊いた時、私は新潮社では決して見せない三島氏の一面を知る思いがした。「三島さん、芝居の世界は本当に楽しんでいたんだろうね。作家としてものを書き、出版社を相手にする時は、あれでけっこう緊張していたのかも知れない」と織田氏が述懐したのには、成程と思ったものだった。

平成十八年十月から十九年三月まで、毎月一回織田氏は読売新聞夕刊に「国立劇場の四十年」と題する回想文を寄せている。その中でもふれられているように、開場三周年には三島由紀夫の新作歌舞伎「椿説弓張月」が上演された。織田氏は三島氏を裏方として支え、ＡＤ（アシスタント・ディレクター）のような立場で、その執筆と上演に尽力したそうだ。私が『天人五衰』の取材に同行した時期とほぼ重なっている。織田氏は、上演準備のために、沖縄にまで予備調査に行ったという。

三島氏ばかりではない、彼は天性のほがらかさと歌舞伎に惚れ抜いた素直さを役者たちにも愛されたようだ。彼等との交流を通して歌舞伎界の表裏に通暁するようになり、プロフェッショナルとしてメキメキと力をつけていったに違いない。彼が定年を超えて芸能部長から理事の職に就いたのは、容易に余人をもって代えがたかったからであろう。

織田氏に訊いて初めて知ったが、三島邸の玄関で彼と擦れ違ったことがあったという。私は記憶になかったが、彼がその時のことをよく憶えているのは、先客の私が辞した後に三島氏からこういう意味の揶揄《からかい》言葉をかけられたのを忘れないからだと言った。「織チャンは、芝居にウツツを抜かして、面白おかしく生きているのに、吉村さんは真面目な文学青年で、真剣に生きているぞ」と。彼がおかしそうにそう述懐するのを訊いて私は軽く絶句したものだった。

〝時代〟が生んだ本

発行日順に並べると、前年師走の『わが友ヒットラー』に続いて昭和四十四年前半に手がけた本は五冊、結果的にすべてが三島由紀夫の著作だった。一月に『春の雪』、二月が『奔馬』、四月に『文化防衛論』、五月『サド侯爵夫人』、六月が『討論　三島由紀夫VS.東大全共闘』という具合である。『春の雪』と『奔馬』を含む「豊饒の海」四部作については、私が直接的な関わりをもったといえる最終巻の『天人五衰』を中心にして、後に一括して触れるつもりでいる。

一九六九年四月二十五日発行の奥付をもつ『文化防衛論』は、当時の時代背景抜きには存在しえなかった本だろう。発行日こそ一九六九年（昭和四十四年）だが、昭和四十二〜三年にかけての世界と日本の政情に対する三島氏の強い危機感から生まれた提言と行動の記録を一冊にしたものである。四十三年五月、大学の使途不明金に対する学生たちの怒りをきっかけに、日本大学で〈全学共闘会議＝全共闘〉が生まれるや、各大学に飛び火し、やがて擬似革命運動のような様相を呈してきた。その波に乗り遅れまいとするかのように、東大でも医学部に始まって七月には〈東大全共闘〉が結成され、学校は次第にマヒ状態に陥った。十月には全学連が新宿駅を占拠、物見高い群集も混じって東口駅前を埋める、所謂〈新宿騒乱事件〉が起こった。目を外に転ずれば、パリでは五月に文教地区で始まった学生デモに続いて労働者のゼネストが広がり（五月革命）、それを真似て日本でも神田の学生街を解放区と見做して占拠するような現象も見られた。

折からヴェトナム戦争の先が見え始め、解放戦線と北ヴェトナム軍が攻勢を強めて、一時サイゴンの米大使館を押さえるほどの勢いだった。東欧でソ連の軛《くびき》から解き放たれるべく、自由を求めた（「プラハの春」といわれた）チェコにソ連・東欧軍が侵入し、同国を占拠したのは八月のことである。

時代背景を書き出せばキリがない。ともかく当時の日本は、今では考えられないほど、政治的に〝ストレートでやんちゃ〟な若者が多かったのである。いや、日本だけでなく、欧米でもそうした傾向は顕著で、若い人ばかりでなく知識人といわれるインテリや被抑圧者の、権力に対する異議申し立てが噴出したかのような印象があった。そう言ってよければ、〝ガス抜きの季節〟だったのかもしれない。少なくとも日本では、ガスが抜かれてしまうと、急速に世の中は落ち着いていった。

そうした時代のもとで、「天皇制下の民主主義」を護るために三島由紀夫は、文武にわたってリアルなパフォーマンスとも云うべき抵抗を試みていたのだ。その証として遺されたのが『文化防衛論』であり『討論　三島由紀夫VS．東大全共闘』だといっていいだろう。

『文化防衛論』は論文、対談、学生とのティーチ・インの三部から成り、巻末に「あとがき」と「本書関連日誌」が付いている。本書の核となるのは、表題になった「文化防衛論」で、『中央公論』八月号（四十三年）に掲載された。すぐさま翌月の同誌に橋川文三が「美の論理と政治の論理――三島由紀夫『文化防衛論』に触れて」を書いて反論するや、次号（十月号）で三島が、「橋川文三氏への公開状」を発表するといった具合に展開しつつ、それなりに論壇の注目を集めはしたものの、議論が深まるという類いのテーマではなかったように思われる。三島氏の主張は、政策や理論の衣をまとっていても、非政治的な信念、心情、美学にほかならなかったからである。

同書の表帯に、私はこんなコピーを書いていた。「三島由紀夫の論理と行動の書――偽善や感傷の横行と学生のラディカリズムに揺れる戦後二十余年の日本、混迷の予想される『'70年』を前に、破壊と創造の過程で〈最後に護られねばならぬ日本〉を求めて展開される論文、対談、学生とのティーチ・インを収録！」。文中の「'70年」とは、日米安保条約が自動延長される年で、それに抗議する左翼陣営が大同団結して一大決戦を挑むと予想される年を指している。

この本の編集を担当したことによって、私は三島氏から特別な体験をする機会を与えられ、本が出来た後には考えもしなかった御礼の品をいただくことになったのは忘れ難い思い出である。いやそれ以上に、この本の編集に携わって初めて私は三島氏と〝渉り合った〟という実感をもったが、それらの話は改めて書くことにしよう。

前述したような三島氏の行動や主張に当時の私がどう付き合っていたかといえば、あくまで仕事上の必要性に応じて対応していたとしか云い様がない。当然、三島氏の方も、決してそれ以上のことは求めず、あくまで新潮社の実務担当編集者として私を遇してくれたと思う。〈楯の会〉の会員たちと余り齢の違わぬ私だったが、そのあたりは会社勤めの編集者として一線を画しておくべきだという思いが強かったし、それ以前に三島氏ほど、日本の現状や将来を憂うる意識が強くなかったのだろう。三島氏の主張には耳を傾けるべき貴重な言説として信をおいたが、行動に関しては半信半疑だったことは前にも述べた通りである。ただ、同書にも収録されている一橋大学と早稲田大学で行われた学生とのティーチ・インには取材者、編集者として立ち合った筈だが、〈楯の会〉には近づかなかった。従って、四十四年十月に国立劇場の屋上で行われた同会の結団式とは無縁だった。

倉橋由美子氏の軽口

〈楯の会〉といえば、こんな発言を思い出した。ことは、私と生国を同じくし、平成十七年に亡くなった作家・倉橋由美子氏に関わる。氏は、当時、朝日新聞のインタビュー（昭和四十五年四月十一日付）に答えて、「男になりたかった」に続け、男になって最初にすることは、「三島由紀夫さんの兵隊さん」と発言して、まわりを驚かせたことがあった。勿論、今流に云えば、〝ジョーク〟ということになろうが、氏のエッセイには、その種のジョークがよく出て来るので、読む者は言葉の真意を考えなければならない（氏からは、真意などない、と云われそうだが）。〝ジョーク〟という表現が余りに陳腐だとすれば、〝アイロニイ〟とか〝皮肉や諧謔〟、いやいっそ〝軽口〟といったほうがいいかもしれない。従って、前記の発言もその類いの表現だと考えてもいいが、言い間違えたわけではなく、それなりに些かの意味もないとはいえない、と受け取っておくあたりが無難なところだろう。

このところ三島氏との仕事について書き捗めてきたが、前記の発言を思い出したついでに、幕間のつもりで倉橋氏について少しふれておこう。

倉橋氏は昭和十年生まれ、三島氏の十歳齢下である。周知のように学生時代に書いた「パルタイ」が評論家の平野謙に認められて、一躍文芸ジャーナリズムの若い旗手となり、〝観念的な小説と辛口のエッセイ〟を書いて、熱心なファンに支持され続けた作家である。私は氏の単行本を手がけることは一度もなかったが、新潮社時代の後半になってから、細々とした付き合いがあった。はっきりしているのは、当時隔月刊だった新潮社出版部発行のＰＲ誌『波』一九七〇年五・六月号で原稿を依頼した時である。私は前年（昭和四十四年）夏から同誌の編集スタッフにも加わっていた。依頼した原稿は、四月にⅠ、五月にⅡが出たジョン・アップダイクの小説『カップルズ』の書評だった。もっとも書評といえば書評に違いないが、四百字詰めで二十枚という長さはともかく、「玉突き台のうえの文学」(『迷路の旅人』昭和四十七年　講談社刊所収)と題されたエッセイは、『カップルズ』にかこつけて氏一流の突き放した筆致で男女関係を論じ、アメリカ文明の内側を窺うといった内容だった。同文が掲載された『波』の〈編集室だより〉に私はこう記している。「アップダイクの『カップルズ』は言語を通して、アメリカという国の日常的な性の有様を丹念に描出し、本国でセンセーションを巻き起こした作品である。入り乱れる十組の夫婦を〝アメリカという玉突き台〟の上の〝玉〟に見立てる倉橋氏は、近所付合いの延長に似た性による人間関係を前に、むしろ日本的な思い入れを慎重に避ける視点を守りながら、氏のアメリカ論を展開し、近代と神の問題にまで話をつなげている。氏にとって日常化の途を急ぐかに見える性の姿は、神と近代の問題を橋渡しとして繋がる、氏自身の課題──「物語と小説」の関係──を刺激して止まぬ現代の Show なのではあるまいか。」今、引き写して、最後の方は解ったような解らないような半端で気負いだけが鼻につく文章だが、証拠という意味で掲げておく。

多分この原稿を戴いた時だったように憶えている。原稿を落手した後に、礼状を認め、感想めいた贅言を付したところ、生意気なその贅言──〝この種の文章を書く時のポイントは、対象との距離の取り方、間合いを測ることではないかと感じました〟──を大いに気に入ってくれたことがあった。電話での遣り取りだったかもしれない。電話といえば、倉橋氏と然るべき付き合いのあった編集者は誰しも身に覚えがあると思うが、氏との電話は長くなるのが常だった。後世に残る手紙を避けたのではないかと思われる節があって、少なくとも私は手紙を貰った記憶がない。もっぱら氏は電話を多用していたのではないか。かといって電話魔という訳でもなさそうで、私の場合電話で話すこともそう多くはなかったが、たまにその機会があると、最低でも一時間、最長で二時間は電話器を握ったままだった。従って、何かの用で氏に電話をする前には、トイレで用を足し、覚悟を決めて電話に向かったものだ。中年の頃までは私の方も、会話さえ楽しければ長電話は少しも苦痛ではなかったし、同県人の好誼《よしみ》と私的な付き合いも手伝って、話題は尽きなかったのだろう。地元の高知に腰を据えて独創的な仕事をしてきた建築家・山本長水さんが初期の頃に設計した神奈川県伊勢原市の御宅にも何度か伺ったことがあった。昭和五十年代の初めの頃、御夫君の熊谷冨裕氏が当時まだ珍しかったポラロイドカメラで同道した家族のスナップ写真を撮って、その場で渡してくれ、大喜びしたこともあった。まだポラロイドカメラはプロフェッショナルな人か好事家しか有ってなかった時代である。

倉橋氏にはその後、私が平凡社の『月刊太陽』編集部にいた頃、コラムを一年間連載して貰った。〈今月の日本〉（『磁石のない旅』昭和五十四年　講談社刊所収）と題して、各回四字熟語を使ったタイトルのもとに、皮肉な眼で世相を眺め、軽いジャブを出すといったエッセイである。最後にお会いしたのは、伊豆に自らの〝墓〟をイメージした家をお嬢さんの設計で建てて間もない頃、その新居を訪問した時だったと思う。

朝起きて来ないので寝室を覗いたら、眠るように亡くなっていた、と偲ぶ会で熊谷氏から聞いたとき、私はもう一度お会いして話したかった、と切実に感じたことだった。

滝ヶ原分屯地で見た富士

一昨年の秋、私は思い立って御殿場に出かけた。陸上自衛隊滝ヶ原分屯地を再見するためである。昭和四十四年三月七日にここを訪ねているから、ほぼ三十八年振りだった。休日とて、富士山周辺の観光地に向かう道路は車で混んでいたが、探し当てた分屯地の周辺はひっそりしていた。三十八年前には、小田急線がJR御殿場線に乗り入れる〈あさぎり3号〉で一三時四〇分に新宿を発ち、一五時二〇分に御殿場に着いて、タクシーで同地に向かったというメモが残っている。

三月の初めから、三島氏は、ほぼ半年後に〈楯の会〉の構成員となる学生たちを率いて、ここ滝ヶ原で訓練の日々を過ごしていたのである。その期間中に『文化防衛論』の校正刷りの遣り取りと「あとがき」の原稿を貰う必要が生じたため（「あとがき」末尾には「昭和四十四年三月七日　御殿場市陸上自衛隊滝ヶ原分屯地にて　著者」と記されている）、泊まりがけで私は滝ヶ原に呼ばれたのだった。メモによると、着いたら、警衛室で第五中隊体験入隊学生隊長室を訪ねるよう指示されていたようだ。私の面倒を見るよう三島氏から命じられていた青年が私を部屋に案内し、なんなりと遠慮なく申し付けてください、と言い置いた。夕食を了えてPX（軍施設内の飲食店）で三島氏と歓談した時には、「世間では私の行動を伊達や酔狂のように見ているだろうが、そんな気持ではとても出来やしないよ。何しろ若い人達を預かっている。もしものことがあったら親御さんたちに弁解なんか出来やしないんだ。富士の樹海を走る訓練もやっているが、樹海は怖い。一人でも遅れて行方がわからなくなったら、と思うと絶えず緊張を強いられるよ」と話したことだった。そのうえで、「吉村さん、一つだけ頼みがある。君はお客さんだから、特に義務はないが、明朝の屋上での朝礼には出席して欲しい。時間は六時だ」と付け加えた。

翌朝の朝礼に顔を出した私は、思いもよらない風景に感動を禁じえなかった。朝礼がどんな様子だったかは全く憶えてないが、屋上に立ったとき、眼前に大きな富士山が鉄斎の絵のように迫ってきたのには驚いた。少し靄のかかった空を占めて間近に薄ぼんやり見えるその山容が私を圧倒したのだった。近くても甲州あたりや東海道線の車窓からしかこの山を見たことがなかった私は、その威容に日本一の霊峰という表現を納得させられる思いだった。再訪でその印象も確かめたかったのだが、生憎の曇天、富士は姿を隠したままだった。

この本の準備に取り掛かった頃だろう、私は三島氏から一通の葉書を受け取っている（消印は読み取れない）。後にも先にも手紙を貰ったのはこの時だけである。葉書には用件のみ——

時々刻々と変化する政治的情況に鑑みて、発表誌の月号ではなく、自身執筆した月を入れて欲しいと誌されているが、巻末のデータを見ると、どうもそうなっていないのは、その後の話し合いの結果だろうか。「重要な政治事件、国際的事件の簡単な表を一頁入れたいものです」という要請に応えて、六頁もの本書関連日誌（一九六八年）を付したのは、どうせなら、という私の意気込みだったに違いない。前に「初めて私は三島氏と〝渉り合った〟という実感をもった」と記したが、日を経て思えば大したことはない。同書中に三島氏が収録したいと云った一文、昭和四十三年八月に毎日新聞に寄せた「わが自主防衛――体験からの出発」という二六〇〇字程の稿を、本文中には入れない方がよいのではないか、と率直に反対したことである。それに対して三島氏は言下に私の意見を否定し、暫時不愉快そうな表情をみせた。そうであれば、こちらとしては「わかりました」と引き取るほかない。併し、数日後、三島氏は管見を容れ、その一文を本文には収録せずに、私の提言に従って「あとがき」中に引用するというかたちで収めたのだった。そうすることに決めた時、それとなく「吉村さんの意見ももっともだ、と考え直したよ」と三島氏は私に告げたものだった。

一月に東大の安田講堂こそ機動隊によって籠城を解かれていたが、学生や左翼陣営による騒動は収まらず、新左翼と称された反代々木（反日本共産党）系の学生や労働者が赤色革命は近いと云わんばかりの街頭行動を繰り返し、翌四十五年三月には、大阪で万博が開催される中、赤軍派による〝よど号ハイジャック事件〟も起きている。そんな時代に反革命を掲げて孤軍奮闘していた三島氏が或るときタクシーの中で、「ひょっとして、容共政権が現実のものとなった暁には、吉村さん、『文化防衛論』は反左翼革命の書として一番に糾弾されるだろう。その時は担当編集者として当局に呼ばれることになるかも知れないよ。そのつもりでいてもらいたい」と云った。「覚悟はできていますよ。その時は大人しく出頭します」と応じた私の答えに嘘はなかったものの、殆どリアリティを感じていなかった筈である。三島氏に共鳴しても、運命を伴にするような関係にも立場にも自らはいないと、そう云ってよければ呑気に考えていたからにほかならない。

『文化防衛論』が出来て暫く経った頃に三島邸を訪ねた時、「吉村さんには、これが似合うだろうと思って」という言葉とともに、スイス・ナルダン社製の、当時では極薄の腕時計を贈られた。その贈り物に若く呑気な私が少々戸惑ったのは、改めて三島氏の真率さを感じずにはいられなかったからでもあろう。

東大全共闘と激論す

共感するにしろ、反撥するにしろ、それぞれの人間は、いま銘々が生きている時代の中でしか生きられない。時代の歯車が廻り、周囲の風景が変わっていけば、人は徐々に過去の風景を忘れ、忘れ難い風景を記憶の裡に仕舞い込むようになる。その頃には次の世代が彼等の生み出した新しい風景をバックに旺盛な生を継いでいる姿を目にする。
　時間を遡り、いったん自らの社会的人生の起点に戻って昭和四十年代前半の私的風景を書き進めてきた拙稿だが、半ばを過ぎて時代背景に触れる機会が多くなるにつれ、冒頭のような当たり前の感懐を抱くことが多くなってきた。というのも、〈全共闘〉とか〈全学連〉といっても、ピンとこない人たちが増えていることに今更ながら気づくからである。以前に楯の会とサド侯爵夫人については簡略に註したが、〈全共闘〉や〈全学連〉をもはや歴史の一行としか受け取っていない若い人たちに解ってもらえるよう解説しなければならないとなると、筆が進まなくなりそうな気配なのだ。とりわけ変化の激しいここ四半世紀ほどを思うと、現在四十歳以下の人にとって昭和四十四年の風景が、記録や伝聞から手繰り寄せない限り、遠く無縁であるのは止むをえない。

　昭和四十四年（一九六九年）五月十三日付の手帖に〈午後二時、東大駒場　九〇〇番大講堂「共同体における行為と表現——全共闘の歴史性」〉とメモが残されている。『三島由紀夫VS．東大全共闘《美と共同体と東大闘争》』と題されて一本になったこの討論に、私は編集者として参加していた。ということは、予め本にするという合意があったからだろう。三島氏に随ってタクシーで会場に着いた私は、大きなテープレコーダーを抱えていた。カセットテープが商品化されてまだ間もない頃だったのではないか。社にそれはなく、私はソニーのオープンリール、それも七号という太巻きのテープがかかる大きく重いレコーダーを演壇にセットし、袖に身を隠すようにして傍聴していた。その全貌は同書を読んで貰うしかないし（平成十二年角川文庫から復刊されている）、この討論をめぐる思い出については後に多くの人たちがこもごもに語っている（例えば藤原書店『三島由紀夫VS．東大全共闘――1969―2000』）。

当時、新潮社ではふつう単行本の編集実務に着手して発売するまでに概ね四カ月をかけていたが、この本は討論の行われた日からほぼ六週間後の六月二十五日に発行されている。ホットなテーマと話題の書を少しでも早く出版したいという要請が関係者の間で強かったのだろう。印刷を担当した大日本印刷は、例外的なスケジュールを組んで対応してくれることになったが、「通常の文選では間に合わないので、難しい漢字はなるべくかなにして下さい」と釘をさされたものだ。入社後の大日本印刷見学の際に実見したオペレーターによる入力装置を使ったのではないかと思う（三十五頁参照）。

この討論会の様子は映像に撮られていて、熱心な三島ファンがもっていたそのビデオを四半世紀を経た頃に観せて貰う機会があった。私は会場では袖の方にいたので、三島氏の横顔しか見ていなかったが、ビデオに映る三島氏の顔を正面から見たその時、胸を衝かれ、心を洗われるような気分に捉われた。というのも三島氏の、大きな眼が一点の曇りもなく澄み切っていると感じたからである。その澄み切った輝きは、いっそ哀切な清純ささえ湛えているように思われた。パフォーマンスといわれ、話題メーカーとも見做されがちだった氏の行動についての賛否はともかく、あんなに澄んだ眼はこれまで見たことがない、と私は思った。前年五月の時点で、翌昭和四十五年十一月の〝事件〟が三島氏の中でぼんやりと予感されていたに違いないと、その眼に出会って私は独り合点したものだった。

今、同書をパラパラ眺めてみて、私の付した十四カ所の小見出しには、かなり刺戟的と思われるものもあるが、概して観念的な自己及び他者認識や時間・空間論、政治や美に関わる根源的な応酬のあったことを窺わせるフレーズが並んでいる。中には〈天皇とフリー・セックスと神人分離の思想〉といった小見出しもあって、その部分で三島氏は古事記の日本武尊像を紹介したあと、「私は陛下が万葉集時代の陛下のように自由なフリー・セックスの陛下であってほしいと思っている」と学生達に語りかけているのは、三島由紀夫の天皇観を極めて文学的かつシンボリックに伝えているといっていいのではないか。

会場は満員盛況で、全共闘側の責任者グループ（奥付によると、「東大全学共闘会議駒場共闘焚祭委員会（代表木村修）」とある）のメンバーによる発言はじめ活発な意見の応酬が続いたが、中でも私の記憶に残っているのは、赤ん坊を抱いて激しく三島氏に挑みかかる男の存在だった。片手にまだ一～二歳と思われる幼児を抱き、もう一方の手でボディアクションを交えながら激しくアジるその人物が、学生ではなく劇団を主宰する芥正彦氏だと知ったのは編集作業に入ってからだった。この討論会を含む当時の時代背景と思想状況については、かつて討論に加わり、二〇〇六年八月に『思想としての全共闘世代』（筑摩書房刊）を出した小阪修平氏の新書に詳しい。それにしてもあの時、芥氏の腕に抱かれていた幼児はもう四十歳ぐらいになっている筈だが、どんな人間になり、どんな人生を送っているのだろう、とふと思ってみる。

VS.と、口述筆記での失態

当時の慣例とは違って、極めて短期間のうちに本を造らなければならなかったから、私はきっと討論の興奮を我が身に刷り込むようにして、勢いのままに編集作業を進めたことだろう。テープを速記者に起こして貰い、対話と討論の話し口調をなるべく生かしつつ文章としての体裁を整え、適宜小見出しを付して、全体の流れを構成していく——そうした作業に取り組み、まず原稿をつくった筈である。その過程で、全共闘側の代表者として、司会役を務めた木村修氏が来社し、会議室にこもって打ち合わせをしたことがあった。現れた木村氏は詰め襟の学生服姿で、実に礼儀正しい色白の好青年だったように憶えている。頭も長髪ではなく、きちんと整えられていた。作業が夕方にかかったのだろう、出前の丼物を供すると、嬉しそうに「うまい、うまい」と言って食べたのが印象に残っている。私より三~四歳ぐらいしか齢の違わなかった氏だが、二十代初めの三~四歳、しかも学生と社会人という差は大きかった。そんな木村氏もそろそろ還暦を迎える筈である。

学生側との遣り取り以上に、三島氏との打ち合わせも頻繁だったと思う。この本の書名は実にシンプルかつストレートで、そう云ってよければ、何の工夫も芸もないと思われるかも知れないが、密かに本邦初（?）といっていいような要素が含まれている、と私は思ってきた。書名を決めるに際して三島氏から、「ほら〝対〟を英語で versus て云うだろう、あのVS.を両者の間に入れればいいんだ」と言われたのだ。恥ずかしいことに英語に暗い私は、versus と云われ、VS.と云われてもその意味が判らず、慌てて辞書を繰ったものである。今でこそ、和製英語、というよりアルファベット日本語と化しているVS.という表記は、当時一般にはあまり知られていなかったのではないか。

さて、一八〇頁足らずの同書には、討論の再録の後に、両者から寄せられた「討論を終えて」なる文章も収められている。三島氏のそれは、「砂漠の住民への論理的弔辞」と題された四〇〇〇字三〇枚余の稿で、口述筆記によってつくられたものである。手帖によると、六月二日（月）に〈討論原稿口述〉というメモがあるから、その日に行われたのだろう。私は討論会場に持ち込んだと同じ大きなテープレコーダーを抱えて三島邸に参上した。口述を行ったのは、バルコニーに続く三階の円形をした小部屋だった。余談だが、このバルコニーで三島氏はよく日光浴をしていて、「君も一緒にどう?」と誘われたことがあったが、私は曖昧に断ったのを憶えている。そのバルコニーに続く部屋のカーブした壁面に沿って造り付けのソファーがあり、前には小卓が用意されていた。その小卓にテープレコーダーを置いて、マイクを手に持った三島氏が口述をはじめる。テープでの口述に立ち合うのは私にとって初めての経験だった。三島氏の口調はなめらかで、立て板に水を流すがごとく文章そのものが音声を通して録されていく。淀みがない、とはこのことだ、と私は半ば感心し、半ばあきれて氏のプロフェッショナルなスキルに聴き惚れていた。要するに後で手を入れるつもりの草稿ではなく、そのまま最終稿となる文章言語が一定のリズムを崩すことなく静かな部屋に流れていた。私はそれを耳にしながら、〝昨夜、一生懸命暗記したんじゃないか〟などと不埒な考えすら脳裏を掠《かす》めたものだ。

十分ぐらい経った頃だろうか、三島氏はひと休みといって喋るのを止め、マイクを置いたので、私もテープレコーダーの録音ボタンを操作して止めた。五分ほど二人で紅茶でも喫み、軽い雑談を交わしたのではなかったか。「さあ、続きをやるよ」と三島氏が声を掛けてくると同時に、私はテープレコーダーの録音ボタンを改めていじる。休憩前と変わらぬ音声が小部屋を占め、順調に口述は進んでいた、と思いきや……数分経った頃、私は安心してはずしていたモニター用のイヤホーンを耳穴に入れた。その瞬間、私の全身に緊張が走り、すぐさま心身が凍りついたように硬直した。イヤホーンからは音声が聴こえてこなかったのだ。卓上の機器に目を遣ると、録音状態を示すランプが点灯していないではないか。「すみません、録音出来ていませんでした、すみません」と言うのがやっとだった。操作を間違えてテープは空のまま廻っていたのだ。生原稿（肉筆原稿）を失くしたも同然の私は、職務上致命的な失敗を犯したのだと悟り、処罰を待つつもりで、ただ詫びるしかなかった。三島氏は、さすがに一瞬、険しい表情を見せたものの、「仕方がないなあ、もう一度、やり直し」と云って私に機器をチェックさせ、録音状況になっているのを自ら確認して初めから話し始めた。すべて口述を了えた後、そんな三島氏をやさしい人だ、とまでは思わなかったが、単純ミスを責めたてて若い編集者を窮地に追い込むような人ではないのに、安堵したことだった。

こうして出来上がった本はマスコミに恰好の話題を提供し、大いに売れた。その帯文は殆ど考えることも推敲することもなく、一気呵成に書き上げた記憶がある。「三島由紀夫、東大全共闘の本質と存在理由を伝える！　もっとも非政治的な両極から、逆に政治の現状を揺さぶり、時代と人間の変革を迫って行動する二つのラディカリズム——妥協を捨て、収拾を思わず、存在の基盤を賭けて闘わされた激論の全貌を再現し、討論終了後、両者から寄せられた特別手記（七〇枚）を付す」

南馬込の三島邸にて

大田区馬込、旧荏原郡馬込村といえば、大正末から昭和の初めにかけて、多くの文学者が住んだことで知られる。尾崎士郎と、一時その妻だった宇野千代、室生犀星、萩原朔太郎、広津和郎、三好達治、北原白秋、川端康成、立原道造……など、昭和文学を代表する作家達が居を構え、昭和文学発祥の地とさえ云われるほどである。三島氏がこの地（住所表示では南馬込四丁目）にロココ風の邸を建てて移り住んだのは昭和三十四年だから、私は勿論この邸に通うことになった。

それにしても、新宿・矢来町の新潮社からは、決して交通の便がいいとは云えない場所である。今はどうか知らないが、当時、大手の出版社はタクシーをかなり自由に使うことが出来たように思う。オフィスさえあれば、その後の設備投資があまりかからない出版社は、交際費や交通費が他の業種に較べて比較的自由に使えたのではなかったか。出版部でもある程度仕事が出来るようになると、出入りのタクシー会社何社かの専用チケットが支給され、私のような若輩でも、適宜それを利用することが認められていた。そうは云っても限度があるのは云うまでもないが、何しろ社にとって大切なスター作家、三島由紀夫の仕事となれば、遠慮なくそのタクシーチケットが使えた。そうした事情のもとで私は、矢来町の社から馬込の三島邸を訪ねる必要がある時はタクシーを使うことが多かった。電車で行った記憶は殆どないと云っていい。たしか第二京浜（国道一号線）に入り、東海道新幹線のガードをくぐったすぐを右に入る、というコースを運転手に告げたものである。何となく高台の奥まった一画にあったように記憶している三島邸の前の道は、当時は私道だったかも知れない。

忙しい三島氏が時間厳守を旨としている人であることはよく承知していたので、私は最初から、何は出来なくても時間を守ることだけは出来ると自分に云いきかせていた。午前中は、寝ていることが多い三島氏なので、早くて十二時、普通は一時とか二時という時間を指定されることが多かったように思う。私は三島邸訪問の日には、余裕をみて社にタクシーを呼び、南馬込に向かったものだった。そうすると、たいていは十五分や二十分前には門前に着いてしまう。私は、門から少し離れたところで車を捨て、あるいは車を待機させて時間を遣り過ごし指定の時刻ピッタリに呼び鈴を押した。当時はまだそのあたりは全体にのんびりした静かな住宅地だったのだろう。天気のいい日には、どこかの家からNHKラジオの音声が風にのって流れてくることがあり、私は腕時計を見ながらも、ラジオの時報に耳をすませて、プッ、プッ、プーンという時報の音のプーンに合わせて呼び鈴を押したことが何度かあった。一度三島氏から「君は実に時間が正確だね」と云われたことがある。この時間厳守については、氏がかつてニューヨークに行った時、出版社の責任者と面会する時間に五分遅れて、会って貰えなかった苦い思い出もあるからだ、と私に話したものである。

十二時とか一時の約束のときは、昼食を用意して下さったこともあったし、玄関を入って右手の応接サロンで他社の編集者はじめいろいろな人と同席する機会も少なくなかった。例えば、鮮烈なデビューを飾って間もない横尾忠則氏と席を同じうした時には、珍しく瑤子夫人が姿を見せて、横尾氏の相手をし、横尾チャンと呼んで軽く揶揄《からか》うような会話を交わしていたのを憶えている。まだ若く三島氏を慕うといっていい立場にいた横尾氏の、はにかむような表情がとても初々しかった。また或る時は二人の外国人と同席する折があった。二人はスウェーデンのジャーナリストで、武士道の話や大和魂の問題について三島氏にインタヴューを試みていた。勿論、会話は英語で、私にはそんな類いの話をしているのだというぐらいにしか判らない。三島氏は所蔵の日本刀を鞘から抜き、その輝きを二人の眼の前に翳《かざ》して〝武士の魂〟を北欧人に（ヴァイキングとは違うんだ、と意気込んでみせたかどうかは解らないが）熱心に説明していた。

インタヴューの途中、三島氏が席をはずした時、さっきからオリエンタル・スマイルでその様子を見聞きしていた私に、そのスウェーデン人が話しかけてきたのには、不意を衝かれてドギマギしたものだった。ヘタに片言を並べて墓穴を掘るのを恐れた私はとっさに〝I can't understand English.〟と答えて、口にチャックをし、三島氏が戻ってくるまでの短い間をバツの悪い気持でやり過ごした。スウェーデンのジャーナリストから馬鹿にされたのではないか、と少し悔しかったが致し方ない。傍聴している私の表情が、英語での遣り取りをよく理解しているものと思われたに違いない。オリエンタル・スマイルが相手に誤解を与えたのだろう。

余り意味もないような思い出を記してしまったが、私にとってあの三島邸に通った日々が四十年近くも前だったとは思えない。他に例を見ないようなロココ趣味の邸は、内部の家具調度を含めて紛れもなく三島由紀夫そのものの記号化だったのだろう。その意味でこの邸と事件も複雑で逆説的な回路を通して、また繋がっているように思えてならない。

なお、篠山紀信が主亡き後の三島邸とその内部を細部にわたって撮影し、『三島由紀夫の家』（一九九五年　美術出版社刊）と題して写真集を刊行していることを付記しておきたい。

続・南馬込の三島邸にて

はじめの方で述べたように、人の記憶は恣意的かつ断片的で、どこまで客観的に正しいかと自問しはじめると、些か覚束なくなる場合も少なくない。それでも、フィクションではない以上、そんな記憶を頼りに書き進めていくほかないのは責務であるかのような気がしてきた。

人に勝って記憶力がいいとは思えない私だが、ある印象的なシーンを後に再構成して新たな自分の記憶にしてしまうという営為の結果もまた記憶であるといってよければ、まだまだ三島氏についての記憶と思い出はいくつか胸内に蔵われている。取るに足らぬ私的な思い出を記したついでに、あと二つだけその類いの話に付き合っていただきたい。

三島邸に通っていた或る時期、同家に若いお手伝いさんがいて、当時二十五歳前後で独身だった私の眼には、その女性がなかなか魅力的に見えた。勿論私は彼女が茶菓を運んでくる時に盗み見する以上の接触はなかったが、或る時、私の眼前で三島氏が彼女を強く叱ったことがあった。その理由はどうもはっきりしないが、多分茶器の出し方がお手伝いさんとしてのマナーに欠けるということだったのではなかったろうか。要するに私が憶えていない程度の些細なことだった筈だ。その時、私は珍しく強い憤りを覚えたのを忘れない。それぐらいのことで、三島さんともあろう人がどうしてそんなに強い口調で叱るのか、しかも私の面前で、と義憤のようなものに駆られたことだった。いつもは若輩である私を一人前に扱ってくれる三島氏の応対振りをありがたく感じていたのに、その時ばかりは妙にアンチ三島気分に捉われたのだ。若い私は、社会的身分のようなものを否定したい気分がそれなりに強かったからだろう。これだから山の手族や〝上流階級〟は嫌だ、そのあたりだけは許し難い、といった思いを禁じえなかったのは、まだ世馴れぬ地方出身者ゆえの拘泥にすぎなかったのかも知れない。三島家では若いお手伝いさんを厳しく躾け、どこに出しても恥ずかしくないようなマナーを教え込んで親元にお返しする、といった家風が生きていただけだ、と考えれば、私が義憤を抱くほどの出来事ではなかったに違いないのだから。

話を転じて少しは文学的な色彩を帯びた記憶を最後に付け加えておきたい。春先のことだったのは間違いない。それも昭和四十五年ではなかったか。私は例によって早目に三島邸に着き、花曇りの陽気の中で約束の時間が来るのを待って、門前を行ったり来たりしていた。三島家は、同じ敷地内に独立した御両親の居宅があって、その建物が本邸の玄関より、門に近い位置にあった。なんとなく門の内側に人の気配がしたかと思うと、手に木刀を持った老人が門の内側から私に声をかけてきたのだ。「君は誰だ、何用あってうちの前をうろうろしている」と厳しい口調で誰何《すいか》するではないか。門越しに私は慌てて名告り、事情を説明したところ、その老人は、「それは申し訳なかった。さあ入って下さい」と門を開けてくれ、玄関までの短いアプローチを私と並んで導く間に、「春になったせいかこの頃は、わけの判らぬ若いもんがよく訪ねてきて、倅に会わせろと強要することがある。それで、気になって時々、私が様子を窺うことがあるもので」と弁解するように話したことだった。その老人とは、云うまでもなく三島氏の父・平岡梓氏だった。

少しは文学的な色彩のある話と云ったのは、この一件を記しながら、私は三島氏が昭和四十五年に書いた短いエッセイ「独楽」（昭和四十六年五月新潮社刊『蘭陵王』所収）をゆくりなくも思い浮かべたからである。そのエッセイはこう書き出されている。「周知のごとく、文士生活をしていると、時折奇妙な訪客に悩まされるものである。（中略）春の午後、一人の男子高校生が、三時間の余も塀外に立っていると家政婦が言った。ときどきそういう狂人がいる。紹介状がない人間には会わない、と私は言った。家政婦はすでに少年に同情しているとみえ、決して狂人ではない、まじめで健康そうな制服の少年で礼儀も弁えていそうである、少しでも会ってやってはどうか、と言った。私は（中略）外出前の五分間だけ会うと伝えてくれ、と家政婦に言った。（中略）『五分間しか会えない』と私は念を押して」そうして三島氏は少年と会ってやった。なにしろ時間は限られている。少々の遣り取りの後、質問があるという少年に向かって三島氏は「じゃ、一番ききたいことを一つだけきいたらどうだ」と問いかけた。「少年は黙っていた。目尻にやや力が入ったかと見る間に、その目が私をあからさまに直視した。『一番ききたいことはね、……先生はいつ死ぬんですか』この質問は私の肺腑を刺した」と記して後、少年を独楽に例えた文章が続く。廻る独楽はやがて惰性を失って不安定化し、廻転しなくなってしまうが、「巧く行けば澄む。独楽が澄んだときほど、物事が怖ろしい正確さに達するときはない」という結びに繋げている。

その少年を相手にした半年余の後に、三島氏が少年の質問に答えを出してしまったのは、「私の肺腑を刺した」という言葉が単なる文飾ではなかったということだろうか。

N・Yのエディター

一九八二年（昭和五十七年）三月十一日付の朝日新聞に「苦闘する純文学——米出版界の現況」と見出しされた記事が掲載されている。来日中だったアメリカの独立系文芸出版社、N・Y（ニューヨーク）の〈ファラー・ストラウス・アンド・ジルー（FSG）〉の会長ロバート・ジルー氏に扇田昭彦記者がインタヴューしてまとめた一文である。その主旨は、大資本による書籍の大量生産とベストセラー狙いが猖獗《しょうけつ》を極め、ペーパーバックが主流を占めるようになって独立系出版社の経営が厳しさを増しているという指摘と、そうした状況下でも、なんとか持ち堪えている経営の在り方や編集者の資質について語ったものである。この記事を記憶していた私は、スクラップブックを繰って現物に当たることができた。当時余程気になる記事だったのだろう。

ところで、なぜ私はこの記事のことを思い出したのか。他でもない、三島氏と仕事を通じての関係が深まった昭和四十四年春、二月十九日〜四月一日間の諸雑事をメモした編集ノートが残っていて、その頁を繰っているうち、『春の雪』『奔馬』の著者献呈先と思われる人名と住所が三島氏の自筆で記された数頁に出会ったからである。その宛先にはN・Yに住む三人の外国人名も見え、エア・メールで送るように指示されていた。その三人とは、Mr.Harold Strauss/Dr. Donald Keene/Dr.Ivan Morrisである。キーンさんは有名だし、アイバン・モリス氏も日本文学研究家として貴重な仕事をし、なによりも三島作品の英語版翻訳者として知られていたアメリカ人である。あと一人のハロルド・ストラウス氏とは何者か。名前の下に続くc/o Alfred. A.Knopf.Inc/501 Madison Avenueからも判る通り、N・Yにあるアメリカでも著名な出版社の上級編集者だと思われる。三島作品の英語版は殆どこの出版社から刊行された。朝日新聞の記事でも、ジルー氏が「ランダム・ハウス、クノッフ、パンテオン・ブックスなど、もうたいていの出版社は巨大企業に吸収されてしまった」と触れているクノッフ社で、一九六九年当時はまだ吸収される前だったのだろう。編集者といっても、日本の出版社における社員編集者とは訳が違う。そのあたりの事情はアメリカ出版界の変貌をリポートした『ブロックバスター時代』（一九八二年一月　サイマル出版会刊）の訳者で、ニューヨーク通の常盤新平氏あたりなら細部にわたって御存じだろう。私はこのH・ストラウスなる人物を、三島氏が献本のため見返しにサインした名としても憶えている。前置きが長くなったが、三島氏から訊いて深く印象に残っている次のような話をしたかったのだ。

前に、三島氏がN・Yで出版社の責任者と面会する約束の時間に五分遅れただけで会って貰えなかった、という話をした。その時に会う予定だった先方と改めて面談の機を与えられたかどうかについては訊いた記憶がないので、相手方が当該の人物だったかどうかは不明だが、或る時、三島氏は「凄いだろう」と云わんばかりにアメリカのエグゼクティブ・エディターと会った時の話を聞かせてくれた。三島氏のことだから或はエッセーに書き残しているかも知れないが、その話を私なりに再現してみよう。

その出版社のオフィスを訪ねてボスである彼の部屋に招じ入れられた時のことである。多分、昭和三十年代後半の話ではないだろうか。日本でこそ、既に名実ともにスター作家の地位にあり、出版各社からは要人扱いされていた三島氏も、アメリカでは、そういう扱いを受けるまでには至らなかったろうし、出版社や編集者の在り方、更には国民性の違いも大きかったのだろう。

部屋に通されてすぐ、ボスの机の後方壁面に懸かっている、いやでも目につく一枚の大きな絵が三島氏の視野を占めた。画面はメキシコあたりの荒野を思わせる草も粗らな平原、その真中に野ネズミのような小動物を太い嘴《くちばし》でがっちりと銜《くわ》え込み、今にも飛び立とうとしている猛禽（禿鷹）が描かれた絵だった。さほどの名画とも思われない、どうしてこんな絵を飾ってあるのだろう、と面談しつつ気になっているのを相手も察したのだろう。彼は話の途中でニヤッと笑って片眼をつぶり、親指を立てて背後の絵を指しながらこう云ったのだ〝This is Me〟——

――もうおわかりだろうが、ボスは自ら〝禿鷹は私だ、君たち（書き手）は野ネズミのようなものさ。私はこれと狙った獲物ははずさない。しっかり銜えて離さないよ〟と三島氏に告げようとしたのである。

後にそのシーンを私なりに想像して、やや芝居じみた記憶の仕方をしている気がしないでもないが、大筋そんな話だったのは間違いない。日本では考えにくいエピソードだが、例えば私の知っている範囲で云えば、最初の頃に紹介した新潮社の斎藤十一さんなら、N・Yのボスと置き代えてもさほど違和感はないのかも知れない。もっともアメリカでもその頃を境にこういうエグゼクティブ・エディターは少なくなっているのではないだろうか。

著者が書いた宣伝コピー

昭和四十三年の八月か九月だったのは間違いない。三島氏が軽装で矢来町の新潮社にやって来た。二階にあった大きな会議用の部屋に通った氏は、そこですぐに一本電話をかけた後、応接していた私に向かって、「少し広い紙とサインペンはないかな?」と言った。突然のことで、その意を推りかねた私は、ともかく出版部のある三階に戻ると、装幀スタッフの部屋にかけ込み、A3より少し大きいぐらいの画用紙数枚とサインペンを調達するや、三島氏の待つ二階に急いで戻った。うん、まあいいだろう、という感じで紙とペンを受け取った氏は、大テーブルに向かって、なにやら書き始めた。『春の雪』と『奔馬』の刊行を間近に控えて、心中期すところがあり、気分も高揚していたのだろう。そうして書き上げた三枚が、三島氏なりの宣伝用コピーだった。その全文を次頁に掲げておく。一気に書き上げた三島氏は、少し真面目な顔付きになって「吉村さん、宣伝用のコピーはこれを大いに参考にして欲しいんだがね」と言ったのだ。

私は、「わかりました」と答えたものの、このまま使う訳にはいかないだろう、三島氏も参考にして欲しいとは云っても、この通りにしろ、とは云わなかったのだから……と内心で考えていたように憶えている。というのも、私は、文中の時代がかったフレーズに少しく困惑を覚えていたからである。とくに「作者は四年間にやうやく書き上げた最初の二巻を、ここに世に送る決心をした」とか「真の文学の甘露は読者の永い渇きを医やすであらう」といったあたりは、明治時代の広告文を思わせ、昭和四十三年当時としては気恥ずかしいフレーズといってもい。三島氏が参考に、と云ったのは、そのあたりは承知のうえで、この大作に賭ける自分の意を汲んで欲しいんだ、というつもりだったのだろう。因みに、この三島氏自筆コピーに、第二巻『奔馬』十一月刊行と記されているところから考えて、この時点では『春の雪』が十月刊の予定で進行していたのは、間違いないことが判る。

もう一点は一カ月後に刊行を予定していた『奔馬』用のコピーだが、こちらも、作品のエッセンスをなぐり書きしたようなもので、このまま使えるとは思えぬ主情的、自讃的文章といえ

長篇小説

「豊饒の海」の三特色

（一）各巻がことなる主人公とことなる環境の全く独立した小説であること。それに従つて情調も全くことなり、第一巻は女性的優雅の小説。第二巻は男性的敢為の小説であり、四巻を以て、日本文学のあらゆる要素を包含する。

（二）主人公は青春前期の姿のまま永遠に生まれかはり、副主人公は巻毎に年老いて、相共に、時代と歴史の不変の青春と、流転の相とを交互に反映する。

（三）真の物語的文体、永久に終らぬ音楽のやうな陶酔に誘ふ文体が、日本語の粋をあつめて、近代文学のかつて成就しなかつた古典的達成をもたらした。

春の雪―豊饒の海　第一巻―

一巻一巻独立した物語――たとへば第一巻「春の雪」は高貴な恋愛小説。第二巻「奔馬」は激越な行動小説――を輪廻の糸でつなぐ三島由紀夫のライフ・ワークの大長篇。作者は四年間にやうやく書き上げた最初の二巻を、ここに世に送る決心をした。「春の雪」は大正初年の大貴族の嫡子が、美しい年上の女性と恋に陥り、宮廷と社交界の最後の華を、四季の移りゆきの間に絢爛と咲かせつつ、その古典的な文体が悠々と進むところ、つひに淡い春の雪の下に悲劇に突き進む物語であり、恋愛のもつとも純粋苛烈な條件、そのもつとも豪奢華麗な背景、そのもつとも透徹した心理分析と高い悲劇性に於て、明治以降の最高の恋愛小説を実現した作品である。真の文学の甘露は読者の永い渇きを医やすであらう。

第二巻　奔馬　十一月刊

第三巻　暁の寺　「新潮」連載中

第四巻　題未定

るだろう。ただこの二点のコピーを今読んでみて「豊饒の海」の仏教的構成や思想的な到達点といった文学的趣向はひとまず措くとして、そう云ってよければ、まずは一般的なロマンス仕立ての小説として、なるべく多くの読者に迎えられたい、という気持が三島氏には強かったのではないかと思われてくる。

「奔馬」
日本人の純粋さ激越さを体現し、身を時代の焔そのものと化して燃えつくすために、奔馬のやうに生きた一青年の青春を、異常な迫力で追究して、つひには血しぶきの詩を白壁に描き上げる行動小説。「英霊の声」以来の主題の希高の凝縮と最大の集成がここにある。

知られているように本作は『浜松中納言物語』を典拠とし、「世界解釈の小説」を構想すべく輪廻転生と唯識論という仏教思想を基底に据えた三島氏の哲学的思索と美学の集大成ともいえる小説だが、そういった創造のモティーフやテーマは評論家にまかせて、何よりも物語性のある読み物として、大衆性のある小説として売って欲しいという気持が強かったのではないだろうか。その文体は、いかにも三島氏ならではの修飾語が多く反現代的かつ高踏的なものだとはいえ、筋は一種荒唐無稽といいたくなるようなロマンス仕立てだと云っていいだろう。

小説そのものは同書を読んでいただくしかないが、ごく簡単に梗概を記しておこう。『春の雪』は明治維新に勲功あって新華族に列せられた侯爵家の優美な嫡子・松枝清顕が幼馴染みでやんごとなきあたりとの婚姻話が持ち上がった年上令嬢との禁断の恋に身を滅ぼす、という明治から大正にかけての話である。四部作の各巻を繋ぐのは生まれ変わりという〝転生〟のリングであり、二巻目の『奔馬』は、『春の雪』の松枝清顕が、昭和初期の時代背景の中で純朴な行動少年・飯沼勲に転生し、政財界や軍閥の腐敗に憤りを深めたすえに、財界の巨頭を刺殺して自刃する話である。三巻目の『暁の寺』は、日本人の生まれ変わりだと言い募るタイ王室の美姫ジン・ジャンが来日、しかし、その転生は曖昧なまま、同性愛者だった彼女は二十歳で死ぬ。こうしたストーリーに介添え役のようなかたちで付き添うのが、松枝清顕の心許せる友人・本多繁邦だった。戦中戦後を生き抜き、四人の生まれ変わりの若者に付き添ってきた彼の占めるウエイトは巻が進むにつれて次第に大きくなり、最終巻の『天人五衰』では、本多の人間観察と世界認識がストーリーを凌駕するほどに小説を覆い始める。『天人五衰』というタイトルは、三島自筆コピーの時点では、まだ未定と記されている。その後、一時期は「月蝕」と予告されたこともあったが、連載が始まる前に、突然この書名を三島氏から告げられて、少々面喰らった憶えがある。なんとも一般に馴染みのない漢字ばかり四文字の熟語、営業的に如何かと思っても、誰もが異を唱えることは出来なかった。広辞苑によると「天人の五衰」とは仏教に由来する言葉で「欲界の天人が命尽きんとする時に示す五種の衰亡の相。……」とある。半年後の死を予告した題名だとは、誰一人気づいていなかったに違いない。

〈吉兆〉の末席に連なって

「豊饒の海」四部作は、雑誌『新潮』の昭和四十年九月号から連載が始まっている。その時、私は大学の三年生だった。雑誌を需めて熱心に読んだという記憶はない。私が新潮社に入った頃は二巻目の「奔馬」が連載中で、殆ど休みなく昭和四十六年一月号の最終巻最終回まで続いた。『新潮』の担当編集者は当初菅原國隆さんだったが、配置転換によって小島喜久江（千加子）さんに変わった。その小島さんは昭和四十五年十一月二十五日午前十時半すぎに「天人五衰」の連載稿を三島邸でお手伝いの人から受け取り、社に戻って袋の封を開けて確かめると、〈「豊饒の海」完　昭和四十五年十一月二十五日〉と大尾に記されていたので、とっさにその意味を推りかねた。「寝耳に水である。完成が近いことは明らかであったが、今月とは聞かず、二、三ヵ月のうちと、見当をつけていた。終る月を前もって知らせぬということは、これまでの例からして絶対にない。（中略）これはどういうことなのか。不可解な、というより面妖な気がした」とその著『三島由紀夫と檀一雄』（一九八九年　構想社刊、後にちくま文庫に入る）に記している。小島さんが異変を知ったのはその袋を開けて間もなくだった。事件当時、マスコミで報じられたこのエピソードを含め、小島さんが前任者の菅原さんの側で見聞きし、途中から自らが直接担当者となって「豊饒の海」の連載と付き合った経緯・事情については前掲書に詳しい。ただ大した問題ではないが、同書には私の記憶と異なる部分もある。

たとえば、「七月二十日（昭和四十二年——吉村註）に、去る者、来る者、とどまる者、とりまぜて吉兆に招いて下さったが、三島さんは、菅原さんにはこれまでの労をねぎらい、新田さんの重責を励まし、出版担当者の吉村千穎さんの若い緊張を解きほぐし、それぞれに気を配りながら、話はともすると『葉隠』に触れ、『天皇』に及び、菅原さんの言う〈さっぱり分らない世界〉が顔を出す」とあるが、この通りだとすると、四月に入社した私が四カ月足らずのうちにこの末席に連なっていたことになってしまう。私の記憶によれば、吉兆に行ったのは後にも先にも一度だけ、三島氏の設けてくれた席だったのは間違いない。『春の雪』が一月初めに発売され、『奔馬』も翌月刊行の準備がすべて整った昭和四十四年一月十日ではなかったろうか。というのも私の手帖の同日欄には、〈「春の雪」の会ＰＭ６：００　吉兆〉と記されているからである。

それはさておき、その席で私は二つのことを印象深く憶えている（というか、小島さんとは違ってそれだけしか憶えてない、というべきだろう）。一つは高級な懐石料理が次々と運ばれてくるコースの途中で出てきた〝お椀〟にたじろいだことである。田舎出の二十五歳の青年は椀のすまし汁に浮かぶ金箔に驚いたのだった。こんなものを身体に入れていいの？　私はなんとなく金箔を砒素や鉛のようなものと同じではないか、と考えていた節がある。今思えば、田舎者だった我が身を恥じるしかない。他の皆が極く自然にその椀を呑み干すのを見て、私も多少の気味悪さを感じながら、同じようにその椀に口をつけたことだった。つまらない話だが、人は往々にして瑣事を忘れない。

あと一つ、こっちは記すのに少々勇気を要するが、年月の経過を免罪符と考え、思い切って書いておこう。その席で三島氏は小島さんの描写するごとく、快活かつ饒舌だったろう。どんな話の流れだったか憶えてないし、或は唐突な言葉だったような気もする。三島氏が菅原さんに向かってこう云ったのだ。「菅原さん、あなたには随分お世話になって、本当に感謝している」と前置きして一呼吸おいた後に、「だけど、君は文学の解らない人だなあ」と。一瞬、菅原さんは絶句し、場が凍りついたように沈黙の時が流れた。私はもちろん他の二人も居たたまれない思いがしたことだろう。併し、三島氏はすぐに話題を転じ、前言がなかったかのように席を陽気な雰囲気に戻したのだ。

三島氏の菅原さんに対する言葉は、例えば小島さんの著書に記されたこんな記述とどっかで照応している気がしないでもない。「私と交替した四十二年七月の段階ですでに菅原さんは、『近頃の三島さんは、何を考えているんだかさっぱり分らないよ』と嘆息まじりに洩らしていた」〝近頃の三島さんは、何を考えているんだか……〟とは、否応なく政治的問題作と受け取られた『英霊の声』の発表はともかく、自作自演による映画『憂国』をフランス、ツールの世界短篇映画コンクールに出品したり、自衛隊への体験入隊に熱を入れ始めるといった〝非文学的〟営為がいっそう目立つようになって、それまでプロパーの文芸編集者として接してきた菅原さんが、担当者でありながら以前のように二人三脚で随いていけなくなったという意であろう。

最初で最後の取材同行

単純に冊数だけでいえば、四年間の新潮社出版部在籍中に私が手掛けた単行本のほぼ三分の一にあたる十冊が三島氏の本だったので、氏をめぐる思い出はどうしても紙数を多く費すことになる。という訳で次に、「私が直接的な関わりをもったといえる最終巻の『天人五衰』」と先に記した条《くだ》りについて、かつてある雑誌に書いた拙稿を辿りながら具体的な話をしてみたい。

もう知る人は当時の関係者ぐらいになってしまったろうが、昭和四十三年初めに、『ポリタイア』という季刊文芸雑誌が創刊された。旗頭のような役割を果たしたのは檀一雄氏であり、そのまわりを芳賀檀、林富士馬、真鍋呉夫、世耕政隆、麻生良方といった面々が固めた、半同人商業誌とでもいうべき雑誌だった。世耕、麻生の御両人は国会議員を務め、とくに世耕氏は同誌刊行の経済的基盤を支えていた。私は父が檀氏と交友があった関係から、仕事上の付き合いはあまりなかったにも拘らず、入社間もない頃から氏の面識を得ていた。そんな或る夜、呑み屋のカウンターで、たまたま檀氏と隣り合う機会があった時、氏は私に向かって、若い人は会費は出さなくてもいいから『ポリタイア』同人にぜひ加わるようにと頻りにすすめるではないか。檀氏は、創刊の頃には早くも、ゆくゆくは若く新しい人が新文学の牙城にすべく、同誌を占拠して欲しいと考えていたのである。その強い慫慂に困惑した私は、編集者なので書くつもりはありません、と答えて断ったものの、林富士馬氏との親密な付き合いの延長線上で以後なんとなく同誌の周辺にいることになった。そんな事情もあって、石神井の檀邸で賑々しく開かれた同誌旗上げの会にも林氏のお伴のようなかたちで出席している。前出の谷崎昭男氏や尾崎士郎の御子息・俵士氏、さらには太宰治の遺児・太田治子さんも『ポリタイア』及び檀氏の呼びかけに応じて、その会に参集した若い人たちだった。知られているように檀氏は人を集め、酒食をともにしつつ夜を徹して賑やかに歓談するのが大好きな人なのだ。先に紹介した小島さんも同誌の寄稿者だった。

同誌は昭和四十九年三月刊の二十号まで続き、その年の後半、檀氏が体調不良を訴えはじめるとともに自然消滅のようなかたちになったようだが、昭和四十八年六月刊の十七号は〈特集・回想の三島由紀夫〉だった。その頃私は既に新潮社を辞め、同社時代の思い出を振り払って、平凡社という新しい職場に社会的人生を委ねていた。従って過去は振り返りたくないという思いが強かったのだろう。『ポリタイア』編集部から、三島氏についての一文を書けと云われたものの、もう一つその気になれないまま曖昧な返事をしていた。併し、過去を振り返りたくない、という思いにはやはり無理があったのだろう。結局のところ、日を措いて私はペンを執り、三十枚近くの取材同行記を数日で書き上げて編集部に送ったところ、当該号はもう原稿が揃ってしまったので、いずれ機会をみて掲載します、という返事を貰った。「そうだよなあ、遅くなってしまったのでボツ（不掲載）になったら、なったでいいや」と私は責を果たしただけで満足し、元々気が進まなかったのだから、と自らを慰めたことだった。その拙稿「五衰の庭——

―或る遺作の取材」は、同年九月刊の十八号〈詩の特集・魚玄機その他〉に紛れ込ませる恰好で掲載された。今は、書いておいてよかった、活字にして貰えてよかったと思っている。

同稿が、平成十八年二月刊の『江古田文学 61号』〈特集――いま、三島由紀夫を考える〉に転載されることになったについては、同誌の編集に関わる日本大学芸術学部研究所教授で作家の村上玄一氏の需めと尽力による。氏は早く文学青年として『ポリタイア』に関心をもつ一方、野坂昭如にも入れ込んで詳細な年譜をつくっている。以前は編集者でもあったので仕事を手伝ってもらったこともあった。転載に際して、『ポリタイア』では、筆名と三人称を使っていたものを一人称に直すとともに本名を記した。以下、その稿を処々トレースするかたちで『天人五衰』の取材に同行した時のことを振り返ってみる。(以下《》が引用)

《〈二二・〇五　こだま　十六番線　三島　取材同行　静岡着二三・二八〉／四月十九日、日曜、(手帖の)その欄の下の罫線に沿って、横書きの乱雑な字でこうメモが残されていた》。

昭和四十五年のことである。

《『天人五衰』は作者の意に反するように主人公の役割を負わされてしまった本多が(そしてこのことは作家三島由紀夫にとっても後日痛いジレンマではなかったか)、生まれ変りの少年安永透を養子に迎える訳であるが、この少年は静岡県清水港の信号通信所で海を見凝めているのが仕事であった。そんな関係からこの信号通信所を中心とした清水の町は、小説中、主に前半部分に屡々登場することとなる。私は三島由紀夫がこの清水をはじめて取材してみる気になった時、些かの案内を兼ねて随き従ったのである》

映画スターと間違われて

手帖によると実はこの清水行きに先立って、四月六日から九日まで私は予備調査に出かけている。六日、一五時一〇分発の〈こだま〉に乗り、その夜は〈日本平観光ホテル〉泊、翌七日の欄には、「柑橘試験場、水産高校、船員養成場、東海大海洋研究所」とメモされ、欄外には静岡放送局員の名前と電話番号が記されているから、三島氏の取材に必要な情報を集めるためにあちこち動いたのだろう。七日はどこに泊まったか不明だが、八日の欄には「御前崎泊」、九日には「砂丘、灯台、原子力発電所」とあって、十日は「四時　三島来社」とあるから、九日中に帰京、翌日に予備調査の報告をしたのは間違いない。御前崎までどうして行く必要があったのかとも思うが、予想される必要情報収集の可能性を求めて足を伸ばしたと考えるほかない。

《執筆を前にした三島氏の緊急肝要事は、海を見ていることが仕事であるような少年を探すことであった。それも島や船舶からではなくあくまで陸上からでなければならないという。気象か港湾に関係している仕事が頭に浮かぶのは自然であった。それにしても機械化、合理化が進んでいるであろう現在、謂ば、人の眼に頼る〝見張り〟といった要素がどれだけ残されていることやら。その点については、清水といってみたものの私には自信がなかった》

三島氏の主要な注文は、今後の取材の便を考えて東京から比較的近く、背後に一定の規模と歴史のある町をもった外国船の出入りできる港と、そこを舞台にひたすら海を眺めている仕事に従事する若いモデルを見つけること、というものだった。横浜は大きすぎて小説の舞台としては使いにくいとなれば、

《清水港を思いついたのも、ごく自然であった。とにかく清水にいってみようと決めた時、三島氏の希望がどのくらいまで叶えられるだろうかという私の不安とは逆に、三島氏は行けばなんとかなるだろう、兎角行ってみないことには始まらないといった様子だった。もう少し取材の有効性を確認するのではないかと思っていた私には、三島氏の謂ば場当り的な腰の上げ方が少し予想外であった。そう急がなくてもよさそうなものを。ついこの間前

作『暁の寺』の筆を擱《お》いたばかりだというのに》

この時点で三島氏が十一月二十五日の「決起」を決めていたとまでは思えない。併し、自分には残された時間は長くない、といった急かされるような思いがあった筈だ――というのは後で考えることである。

《静岡まで一時間半足らずであろう。（中略）改札を出てすぐ私はタクシー乗場に急ごうとしたが、三島氏の緩い歩調にそのキッカケを失ってしまった。今夜宿泊する予定の日本平観光ホテルはその名の示すように清水市の日本平山頂にある。たしか車をとばしても三十分やそこらはかかるはずだ。案内者の役割を負っている私は、出来るだけ早く着いた方がいいという気持でいた。／――少し腹が空いたが、吉村さんはどう？――三島氏は光のまばらな街の方に歩き出していた。（中略）やがて探し当てた一軒のスナックの扉を押した。（中略）食い物といえばトーストかピラフかスパゲティぐらいしかなかったように思う。（中略）三島氏は美食家ではなく、健啖家の鷹揚さで、ある限りを黙って腹に収めた。／再び街路に立ったのはもう十二時近かった。程なくタクシーを捉えると、私はほっとした》

今はどうか知らないが、日本平といえば、苺の栽培で知られた小高い山である。その山頂に宿泊予定のホテルはあった。

《小さなホテルのフロントは、オフィスビルの夜警室のように、そこだけひっそりと灯を点けていた。（中略）私が先に立ってフロントに到着を告げると、奥の方から若い一組の男女従業員が姿を見せた。宿泊カードに筆記用具を走らせている私の耳に、女の方が何も気着かぬ男に教える口調で、こう囁いているのが聞えた。「三島由紀夫よ、あの映画スターの」。私の後方で待っていた三島氏の耳にまでその囁きが伝わったかどうか。（中略）「さっき映画スターと云ってたの聞えましたか」と訊いてみた。（中略）私の伝声が終るか終らないうちに機械仕掛の呵々大笑が響いて、前を歩いているボーイを驚かせてもおかしくはないと予想したのに、あの時の三島氏は、むしろ不機嫌な反応を示したといっていい。ひょっとするとあの時、三島氏は（作家と認識されなかったことに）真剣に失望を味わったのかも知れない》

因みにホテルの若い女性従業員が、「映画スターの」と云ったのは、前年夏に封切られた五社英雄監督の映画〈人斬り〉に幕末・薩摩の刺客田中新兵衛役で出演し、話題になった印象が強く残っていたからであろう。もっともそれ以前、昭和三十五年には増村保造監督の〈からっ風野郎〉にも革のジャンパーを羽織ったチンピラヤクザの役で出演している。自作自演の映画

〈憂国〉は、自らの創造的な作品として取り組んだが、前記の二本は、三島流の「お遊び」だった。

折戸湾から三保の松原へ

《その日の取材の具合によって、今後のスケジュールを考えたいという希望に沿って、三島氏の部屋だけを引き続いてキープしておくことにし、二人は九時過ぎにタクシィでホテルを出た。（中略）車は日本平を下りきると、右に折れて、清水港の中枢部とは逆の折戸湾沿いのコースをとった。とりあえず三保の松原を中心とした地域を廻ってみようということになっていた。（中略）勿論、この取材の一番の目的は、本多の養子となるべき少年のモデルを探すことにあった。併し、そううまく現実が小説を模倣してくれるはずもない。さし当って、舞台装置や小道具として使えそうなもののあたりをつけながら、その近辺の地理を頭に入れる必要がある。／途中、（中略）取材上マークしておいていい場所を通ったが、そこは後回しにすることにして、とにかく車を走らせた。左手は清水港の一部をなす折戸湾で、海面に木材が貯められているのが散見される。小規模な造船所があり、鉄錆びたクレーンが造船日本といったイメージからはいかにも程遠いところで乱雑な風景の中に、突っ立っていた》

この時以後、私は日本平にも清水にも行っていない。三十九年前とはおよそ風景を異にしているだろうが、日本平や折戸湾や三保の松原は同じ名前で同じ処に今もあり、富士山も同じ方向に見えることを思えば、人間の手による土地の改変や町並みの変貌などささいなことのようにも思えてくる。それらよりも変わったのは人の心、精神の在り様、生き方に大きな影響を与えるものの考え方ではないか。その意味で三島氏が、死の五カ月程前、昭和四十五年七月七日付のサンケイ新聞に寄稿した「私の中の二十五年」を今更のように思い出す。就中、その末尾に吐き捨てるように記した一文に複雑な思いを禁じえないのは私ばかりではないだろう。

　私はこれからの日本に大して希望をつなぐことができない。このまま行ったら「日本」はなくなってしまうのではないかという感を日ましに深くする。日本はなくなって、その代りに、無機的な、からっぽな、ニュートラルな、中間色の、富裕な、抜目がない、或る経済的大国が極東の一角に残るのであろう。それでもいいと思っている人たちと、私は口をきく気にもなれなくなっているのである。

「それでもいいと思っている」どころか、「それのほうがいいと思っている」人たちが今では多くなっているのではないか。そうした時代であっても、三島氏より二十年を長く生きた私は、生意気を承知でこう三島氏に語りかけたい。「〝口をきく気にもなれなく〟ても、〝それでいいと思っている人たちと〟は、自然と口をきく必要がなくなります」と。

話を取材行に戻そう。

《三保の松原と呼ばれているところは、折戸湾を護って突出した陸地部の外海＝太平洋に面した部分である。両脇に松並木のある石道を抜けて、小高い盛り上りを下ると、砂浜が広がっていた。さして広いとも思われなかったが、渚まではかなりの距離があって、砂浜の真中あたりに、群から離れた恰好で、周りを鎖で囲まれた松の木がある。いかにも「むかし……」という語り出しで、話される物語に相応《ふさわ》しい老松である。幹はすでに、思い思いの方向に伸び過ぎてしまって、枝を支えきれず、身内に宿る虫をなだめなだめ余命を保っているという風情で、砂に触れんばかりの枝には支えが取り付けられている。（中略）／小説中に出てきて、あれをああいう具合に使ったのかと、後で興味深く思い出したのは、砂浜の手前、茶店や土産物店の並んでいる前に置かれてあった等身大の人形である。この頃観光地ではよく見かけるが、少しふざけた記念写真用のその人形は、清水次郎長と森の石松を形どったもので、顔の部分がすっぽりくり抜いてあり、そこから観光客が顔を覗かせて、記念写真を撮るという仕掛になっている。ここに、ふざけることの好きな、奇妙な俗物婆さん慶子が顔を覗かせて喜ぶ場面が出てくる》

取材したからといって、それが小説に生かされるとは限らない。取材対象はフィクションを構成する都合によって取捨され、改変される。とはいえ、この時の取材と三島氏から直接きかされた着想は殆ど実際の作品には生かされることはなかったといっていい。その折に三島氏から話にきいた密輸事件もなかったし、東名高速をフォード・ムスタングが突っ走ることも、あの俗物婆さんの慶子が軽飛行機を操縦するシーンもなかった。

《そんな（中略）シーンを表現するために費やさねばならない労力に堪えられなくなり、次から次へ、あれも止めよう、これも止めようと撤退を始めた時、氏は既に、それによって辛うじて社会の一員であり続けた小説家としての立場を放擲したのだろう》

それかあらぬか、『天人五衰』は先行する三冊に比して、明らかに短かった。

「あの日」と新潮増刊号

昭和四十五（一九七〇）年は春から大阪で万国博が開催され、その最中、赤軍派による「よど号」ハイジャック事件が起きた。六月には日米安保条約が自動延長されるのを前に、反安保集会が盛り上がりをみせた。曽野綾子氏の『誰のために愛するか』がベストセラーになり、新しいタイプの女性誌『ａｎ・ａｎ』が創刊されたのもこの年である。秋には、国鉄による「ディスカバー・ジャパン」キャンペーンが繰り広げられ、京都に出かける若い女性たちが増えた。〝戦後は終わった〟と言われて十余年、高度成長を謳歌するように、家電製品はじめ次々と発売される耐久消費財が人々の購買欲を煽っていた。

手帖をみると十一月二十五日は「三の酉」で、「編成・出版会議」が予定されていた。前日の欄には〈三島十代作品集原稿変更の件〉とメモがある。私はいつものように出社し、午前中の仕事が終わると、昼食を摂るために社屋を出た。多分十二時を少し過ぎた頃だったろう。昼食を了えて社に戻る道、文庫編集部にいる若い女性と擦れ違った。彼女は歩を停めて「三島さんが自衛隊に乱入し、腹を切って死んだ」と私に告げた。私は一笑に付すように、「また、頭のおかしな男が、三島さんを名乗ってやったんだろう」と返すと、彼女は「ほんとうです。嘘じゃありません」と応じるではないか。「そんな馬鹿な」と思いながらも、社員通用口から社屋に入り、三階の出版部に戻った。三階の半分は『週刊新潮』の編集部で、入り口に近いあたりに書類を入れるキャビネットがあり、その上に一台のＴＶが置かれていた。その前には立ったままでＴＶの画面を見凝める人だかりが出来ている。ＴＶから流れる音声以外、声を発する人はいなかった。私もその人たちに加わって暫時、画面を見て、これは事実なのだ、と自らに云いきかせながら、なんとなく腑に落ちない気持を払いきれなかったように思う――という以上の記憶はない。手帖によると、翌二十六日には川越の田中美代子氏を訪ね、三十日には山の上ホテルでカンヅメになっている磯田光一氏に『天人五衰』の校正刷りを届けたことになっている。夜には保田與重郎氏に電話、月が変わって一日は林富士馬氏に電話、二日夜には村上一郎氏を訪い、三日には秋山駿氏、梅原猛氏に電話、とメモされているのは、いずれも三島氏自裁と関連していると思われる。十二月七日には〈阿部（楯の会）TEL〉というメモもある。そういうと、磯田光一氏に会った折、三島事件に激甚なショックを受けた氏が興奮さめやらぬ様子で「一年間断筆したい」と口走ったのには少々面喰らったものだった。

『新潮』の一月臨時増刊『三島由紀夫読本』が企画されたのは事件後すぐだったのではないか。菅原國隆さんを臨時編集長に起用したプロジェクトチームが急造され、私もその一員に加わった。今同誌の目次を見ると、磯田光一氏が「『豊饒の海』四部作を読む」を寄せているので、磯田氏を訪ねたのは、増刊号の原稿のためだったのだろう。とすれば、少なくとも事件の数日後には臨時増刊号の刊行が決まり、すぐさま編集会議を開いて、月内にほぼ原稿依頼を了えたのではないか。ともかく刊行を急いだのだろう。手帖によると、十二月十八日に〈新潮臨増打上会〉とあるから、その日までには校了になっていたと思われる。だがその割には発行が翌年一月二十日となっているのは、年末の流通事情と翌一月二十四日の葬儀をにらんでと思う。

この臨時増刊号の編集作業中に忘れられないのは、年譜を依頼した山口基氏との間のトラブルである。戦中世代に属する山口基氏は神田で古本屋を営む一方、保田與重郎と三島由紀夫に傾倒し、両人の古書を蒐めるとともにその詳細な年譜の作製者としても関係者にはよく知られた人だった。氏は三島追悼の念、切なるものがあって熱心にこの仕事に取り組んでくれた。年譜の校正刷りが出た時、氏は矢来町に足を運んで社の一室で校正してくれたが、担当だった私は忙しさにかまけて、氏の面倒を十分に見ることが出来なかったのだ。声をかけることなく、編集部の人たちと夕食に出掛けてしまったのは、まあいいだろう、という私の気の緩みだった。出前でもとってお持ちすればよかった、と思ったのは後の祭り、校正を了えて一人ポツネンと狭い部屋で私を待っていたのだろう。食事を了えて社に戻り、山口氏のいる部屋に顔を出すと、氏は堪えていた怒りを爆発させた。「自分をおいて食事に出かけたのは、失礼きわまりない。もう原稿は引き上げる」と声を荒らげ、顔面を引き攣らせるではないか。私ははっとして、ひたすら詫び、詫び倒すしかないと涙を流さんばかりに土下座して頭を床につけた。自らの非を強く感じ、純粋で直情径行タイプの山口氏にはこうするしかないと思ったのだ。いま年譜原稿を引き上げられたら、急ぐ雑誌刊行のスケジュールが狂い、私はその責任を全て負わなければならないと、とにかく必死だった。暫くして山口氏が怒りの鉾を納めてくれた時の安堵感が今も甦ってくる。

死後に刊行された二冊

日米安保が自動延長されても、世の中は表向き何も変わらなかったように、三島由紀夫が自裁したからといって、何かが目に見えて変わった様子はなかった。三島事件の直後は、あらゆるメディアがこの事件を報じ、論評し、三島氏と近かった識者や友人も遠かった知識人も、それぞれの立場でこのショッキングな出来事についてこもごも語って倦まなかった。戦後も六十四年目を迎えるが、一時的かつ広汎に世間を騒がせたという点では、三島事件はその間で最も人々の記憶に残る非日常的な出来事ではなかったろうか。とはいえ、「団塊の世代」の後に生まれた人にとってはもはや同時代性は薄れているだろう。そういえば、かつて三島氏が学生を率き連れて体験入隊した自衛隊滝ヶ原分屯地の門衛も、私の問いに対してその話はきいたことがあります、と返すのが精一杯だったのだから。

職場での私の仕事も、三島氏存命中に予定されていた二冊の本を仕上げることを除いて、三島氏の自裁に影響を受ける程のことは殆どなく、目に見えぬ時間の流れが人間の営為を必然のように呑み込んでいくだけのように思われた。少なくとも四カ月後、この身に配置転換の命が下るまでは。

『三島由紀夫十代作品集』の発行は昭和四十六年一月二十五日、死の二カ月後である。浅学寡聞ながら十代に書かれた作品ばかりを集めた一本を私は他に知らない。何故こんな短篇集が企画されたのか、三島氏の意向が強かったのかも知れないが、手帖によるとこの本については三島由紀夫の熱心な研究者・越次倶子氏と何度か打ち合わせているので、彼女の希望と尽力も少なくなかったのだろう。振り返って、結果的にこの本は三島氏が「私の人生は十代で終ったのだ、二十代以降の私は私であって私ではない」というメッセージを遺したかったということになろうか。そういえば、三島氏は、色紙への揮毫を求められた時、有名な晩唐の詩人・李賀（長吉）の、これまたよく知られている詩句〈長安に男児ありき　二十歳にして既に心朽つ〉を好んで書いたのではなかったか。同書はごく普通の四六判サイズ、氏の文学書にしては軽装版だが、カバーの中央に大きく菊の紋章が描かれているのは、誰の発案だったのだろう。

　帯文に、〈……十代の作品を著者生前の選択により収める。中でも著者がその収録をとくに希んだ単行本未刊作「玉刻春《たまきはる》」は「春の雪」の萌芽ともいうべき恋愛小説の佳品〉とあるのは、事件後『春の雪』をもう一売りし、その関連で本書にも注目してもらいたいという下心が混じっていたのかも知れない。収録作は「彩絵硝子」「花ざかりの森」「苧菟と瑪耶」「玉刻春」「みのもの月」「世々に残さん」「祈りの日記」の七篇である。

　私が担当した三島氏の十冊目の本『蘭陵王《らんりょうおう》』は昭和四十六年五月六日発行となっている。私はこの本を校了にするとともに『週刊新潮』編集部に配置転換になったから、本が出来上がった時にはもう出版部にいなかった。手帖をみると、前年九月七日に《三島ＴＥＬ　エッセイの件》と、いくつかの用件の間にメモ書きが残っているのは、この本のことだろうか。その頃に本書の企画が具体的なかたちをとり始めたと考えるのは自然である。翌四十六年二月十六日の欄には《「蘭陵王」奥付入稿》とあるところから察すると、その頃に初校が出たのであろう。三島氏に関わる直接的な手帖のメモはこれが最後である。

本書は昭和四十二年から四十五年の死までの間に各紙誌に発表されたエッセイを発表年月順に網羅した一冊である。その意味で死に至る四年間に三島氏が思い、考え、主張したことを辿る最適のテキストといえよう。この稿を書くために頁を繰っていて、三島氏がなぜこのエッセイ集の表題をあまり馴染みのない『蘭陵王』に決めたのかに改めて私は気づいた。純文学雑誌『群像』に掲載され、本書に収められたこの作（蘭陵王）は短篇小説といってもいい文章で、その十一頁分だけは他より大きい活字とゆったりした組み方になっているだけでなく、歴史的仮名遣い、漢字は正字体を採用しているのは、私の思い入れのなせるところだったのかも知れない。それはともかく蘭陵王とは雅楽の名曲の題で、「舞樂に使はれる蘭陵王の面は、顎を紐で吊り下げ、龍を象つた怖ろしい相貌で名高い。これは人も知るとほり、北齊の蘭陵王長恭が、おのれのやさしい顔を隱すために怪奇な面を着けて、五百騎を率ゐて出陣した故事にもとづいた曲である」と文中に記されている。学生たちを率いて自衛隊滝ヶ原分屯地で訓練していた或る夜、学生の一人に横笛をよくする者がいて、消灯までの時間にこの曲を吹いて聴かせてくれた時の感動に材をとった文章である。その末尾は、こう結ばれていた。「しばらくしてＳ（横笛を吹いた学生――吉村註）は卒然と私に、もしあなたの考へる敵と自分の考へる敵とが違つてゐるとわかつたら、そのときは戰はない、と言つた」

自ら迷い込んだタルホ・ワールド——稲垣足穂

三島と『少年愛の美学』

昭和四十四年三月、新潮社は第一回の三大新潮賞を発表した。同四十二年までの三大文学賞を衣更《ころもがえ》し、日本文学大賞、新潮新人賞に日本芸術大賞を加えて装いを新たにした賞である。受賞者は文学大賞が『おろしや国酔夢譚』の井上靖と『少年愛の美学』の稲垣足穂、新人賞は北原亜以子「ママは知らなかったのよ」、芸術大賞は画家・香月泰男の〈シベリア・シリーズ〉だった。

この受賞があったために、私は稲垣足穂と出会うことになる。日本の近代文学者では、他に類例を見出し難い、異才としか言い様のないこの作家は、『日本人名大辞典』（講談社刊）によると、〈大正―昭和時代の小説家。明治三三年一二月二六日生まれ。佐藤春夫の知遇をえて大正十二年「一千一秒物語」を発表。器械、天体などを題材に反リアリズムの小宇宙を構成、奇才といわれた。戦後、小説「弥勒」やエッセイ「A感覚とV感覚」を発表。昭和四十四年随筆集「少年愛の美学」でタルホブームをよんだ。昭和五十二年一〇月二五日死去。七十六歳。大阪出身、関西学院普通部卒〉とある。今もなお熱烈なファンをもつことは、数年前に『稲垣足穂の世界　タルホスコープ』（平凡社コロナ・ブックス）と題したアンソロジー風の本が刊行されているところからも察せられる。

この受賞に大きく関わったのが三島由紀夫だった。受賞までは熱狂的に支持する読者と氏の作品に肩入れする中小の出版社はあったものの、その知名度は限られた範囲を出るものではなかった。受賞をきっかけに広汎なタルホ・ブームは起こったといっていい。

同賞の審査について私には忘れ難い記憶がある。審査当日、会場に詰めていた出版部の大門さんが、興奮を隠せぬ表情でオフィスに戻ってくるや、「受賞者が二人出ちゃったよ。賞金はどうするんだろう。折半？　いやそういう訳にはいかないんじゃないか……」と報告したのだ。賞金の額は当時としてはかなり高額の百万円である。「折半なんて、みっともない真似は出来ない」という声が圧倒的で、二人受賞を想定してなかった社はそれぞれに百万円ずつを贈った筈である。それはともかく、何故二人受賞になったかについて、審査に立ち合った大門さんの話はこうだった。

審査員は、伊藤整、中村光夫、丹羽文雄、三島由紀夫の四氏である。文学賞の銓衡には〝流れ〟のようなものがあって、最後は落ち着くところに落ち着く――とくに、既成作家に与えられる大きな賞はそうした暗黙の了解のような空気が支配的になるケースも少なくないようだ。この場合も三島氏を除く三人の間で、最終的に井上靖の『おろしや国酔夢譚』を推す空気が強く、ほぼ決まりかけたという。併し、元々井上靖の文学を認めがたく思っていた三島氏一人が、最終段階で難色を示して自説を曲げようとしなかった。審査会が三島氏の強い意見を持て余し、暫し膠着状態に陥ったらしい。

そうした場の空気に切り込むように三島氏がこう発言した。「稲垣さんの『少年愛の美学』と二冊同時受賞ということであれば、僕はかまいません」。この一言で否も応もなく第一回日本文学大賞は決まった。以上が私の記憶をもとに再現した審査会での稲垣足穂受賞決定のシーンである。

『少年愛の美学』は前年五月に徳間書店から刊行された長篇エッセイで、同書のメインテーマとなっている〝A感覚とV感覚〟という言葉が持て囃され、妙な誤解を生んだものだった。Aはanus、Vはvaginaである。三島氏はこの未来派風、反リアリズムの非文壇作家をなんとかメジャーな舞台に上げたかったのだろう。同賞の選評（「新潮」五月号）で、こんなオマージュを捧げている。

生と芸術の真相

「『優美』と『死』とは互いに追いつ追われつしている。——街頭の人々のように、——落葉を促す新芽のように、——今日を追いやる明日のように、それは絶えず回帰している。」
（「少年愛の美学」）

このやうな最も透徹した詩句をさりげなく行文の間にはさんでゐる稲垣足穂氏の「少年愛の美学」には、生と芸術の真相が残る隈なく語られてゐる。しかもその真相は高貴に保たれ、いささかも汚されてゐない。このやうな真相こそ、詩の核心だからである。

疑ひもなく日本の近代文学の一高峯に位しながら、久しく一般にその名を知られなかつた足穂ヶ岳は、ごく少数の修行者の間に、霊山として怖れられてゐた。このたびの受賞によつて、幸か不幸か、つひにこの孤峯の衆目にさらされる時が来たのである。

こうしてジャーナリズムや若いファンのタルホ詣でが始まったが、御本人の怪異といっていい容貌に加えて少年愛や男色といったキイワードが先に立つ気配で、その全体像や本質はまだ容易に見通せなかったのではないか。なにしろタルホ・ワールドは広く、かつ散乱するが如くで、その端から端までを渉猟し、光を発している星屑を拾い集めるのは並大抵ではなかったのだから。

ヒコーキへの憧憬

新潮社が満を持して発表した第一回日本文学大賞受賞者の稲垣足穂はそれまで社と全く縁がなかった。少なくとも出版部には担当者がいなかったのである。それでは恰好がつかない、早くなんとかしなければ、という話が部内で持ち上がったのは当然だった。受賞から日を措かず、少々慌て気味の部長が担当者を募ったのだと思う。どうも普段付き合っている作家とは勝手が違うように思われた稲垣氏を担当するには、火中の栗を拾う覚悟が要るのでは、といった雰囲気もあったのではないだろうか。進んで手を挙げる人がいないのを知った私は、「私がやります」と申し出ていた。私は些かの怖いもの見たさや好奇心も手伝って担当者を引き請け、さっそく稲垣氏の本造りに取り組むことになった。

こうして昭和四十四年十月に刊行されたのが『ヒコーキ野郎たち』である。表題作の他に「ロバチェフスキー空間を旋りて」「Prostata ~ Rectum 機械学」「山ン本五郎左衛門只今退散仕る」の四篇を収めた四六判で二八〇余頁のこの本は、本造りという点で会心の作だったと今も自賛したくなる一冊である。本文の組みは一行三十八字として、上部を五センチほど白のままにあけたのはともかく、各作の題扉に本文紙とは別の色紙（それも四篇それぞれに色を変えて）を使ったのは、今思うとよく許されたものだ。技術的に厄介で、コストがかかる仕様である。しかも、小さなゴチック活字で題名を横に配している。装幀はといえば、これは装幀家・山本美智代さんの入魂の作、空のブルーをイメージした布クロスに銀箔で背文字を捺し、ケースは作風の斬新さを表現するために薄手のボール紙を採用した。そのケースには、複葉飛行機と飛行機の飛ぶ空間をデザイン化した山本さんの作品が刷られている。作風の新しさといえば、私は同書の帯に「点滅する光芒のかなたで、冷たい星のごとく、虚空の謎のごとく、廻りつづける21世紀のDandism」という、「ああ、そうですか」としか言いようがないキャッチコピーを書いている。

表題作となった「ヒコーキ野郎たち」は、空を飛びたいと希って試行錯誤を繰り返す十代の自分を回想した自伝的作品である。『稲垣足穂の世界』の中で堀切直人氏がこの作を的確・簡潔に紹介しているのでその冒頭部分を引用させてもらおう。

十八歳の稲垣足穂にとって、飛行機こそは久しき眷恋の的であった。舶来の「空中飛行器」はまさに彼が心の中で探し求めていた「或物」のように思われたのだ。神戸の関西学院中学部を卒業したタルホは友人と語らって、複葉機の製作に取りかかった。なけなしの有金をはたいて部品を集め、三ヶ月ほどで組み立て作業を終えた。しかし、その複葉機は結局、離陸に成功しなかった。プロペラが回転し出すと、煙が紙屑を巻き込んで濛々と舞い上がり、近所の人たちがやかましい、やめろとがなり立て、あまつさえ巡査がおっとり刀でやって来た。

稲垣氏の文学の主要なテーマの一つが、ヒコーキだったのはこうした少年時の憧憬と体験に基づいている。

同書中のもう一作、三島由紀夫が絶賛した「山ン本五郎左衛門只今退散仕る」にも簡単に触れておこう。田舎の旧家を継いだ少年が夜毎自家に出現し、怪異をなす化物の仕業と脅しに屈することなく耐え抜いたところ、その胆力と冷静さに感心した化物の親分、山ン本五郎左衛門が正体を現し、「扨々御身、若年乍ラ殊勝至極」と褒め、一挺の手槌を置いて去るという妖怪譚だが、この作には原典があり、三島氏は一見原典の現代語訳とさえ思われかねない稲垣氏の作が、実は〝小説とは何か〟の事情を物語っていると説いている。ともかく昭和四十四年から五年にかけての三島氏は稲垣足穂にぞっこんだったといっていい。『ヒコーキ野郎たち』の帯に〈稲垣足穂頌〉と題してこんな讃辞も寄せている。

宇宙論と台密と能をつき合はせ、ダリ風の広大な青い秋空と、夜叉の群のやうに飛行機が舞ひ群がる月夜をつき合はせ、天狗と化した男性の絶対孤独と、永遠の美少年の書のまどろみの唇をつき合はせ、立体派と百鬼夜行絵巻を、数学とエロスを、この世のもっとも永遠なものともっともはかないものとをつき合はせれば、そこに稲垣文学といふ絶妙のカクテルが出現する。日本近代文学の稀有なる孤高の星、粉々に砕けて光りを放つ天才、何ともかとも言ひやうのないもの、制御すべからざる電流として、ここに稲垣氏の文学を持つわれわれは倖せである。

三島節といってしまえばそれまでだが、稲垣足穂の文学を三島流に称揚するには、タルホ・ワールドの内包する一見脈絡のない断片を拾い集め、抽象という不可解なパズルに嵌め込むような文章しか書けなかったのではないかという気がしないでもない。

奇人変人の正体

手帖によると三大新潮賞の授賞式がホテル・オークラで行われたのは四月九日だった。その式のことは全く記憶にない。稲垣氏は受賞者として式に顔を出していたのだろうか。今頃になって賞をやると云われ、嬉しそうにのこのこ京都から出て来るような御仁ではなかったのではないか。

それはともかく、担当者として志願した私が稲垣氏を京都・桃山の御宅に訪ねたのは、手帖に記された六月十六日が初めてだったろう。『ヒコーキ野郎たち』の発行が、十月十日だから、編集実務に要する時間を考えると、あまり余裕はなかった筈だ。大衆ジャーナリズムで、面白半分とはいえ猛獣のように御し難く、入道のような容貌をした奇人変人、あるいは不良老人のごとくに採り上げられていた稲垣氏と初めて会う私が緊張していなかった訳がない。

併し、実際に対面した氏は、こちらが拍子抜けする程にやさしく、あたり前の人だった。威張ったようなところは微塵もなく、パフォーマンスを思わせるような言動も全く感じさせないばかりか、寧ろ若い私を労るかのような応対ぶりだったように憶えている。家も極く普通の小さな一戸建て、顔を出した志代夫人も下町でよく見かける気のいいしっかり者のおばさんといった婦人だった。若い私の緊張がほぐれるのにそう時間はかからなかったように思う。

八月二日の午前中にも氏を訪ねたメモがあり、その時も松村實氏という控え目な同席者がいた。松村氏は同じ桃山に住む学校の先生で、稲垣氏の研究者にしてよき理解者・支援者のような方だった。『ヒコーキ野郎たち』にも松村氏は丁寧な解題を書いている。たしかその当時の稲垣氏は、書斎はおろか書籍の類いももたないと自ら話したのではなかったか。というのも、シュールレアリズムに親近感を抱く若く威勢のいい人たちや出版社が急に本を寄贈してくるようになったとみえて、近刊書が部屋の一隅に積んであったが、「もう本は要らないから」と云って、私に持っていくように促したことだった。そうして私がいただいた本の一冊が今も手元にある。失礼に当たらないと考えるから証拠のために記しておくと、その本は、若くして関係者の間で評価される業績を挙げつつあった気鋭の仏文学徒・巖谷國士氏が訳した『シュールレアリスム』（一九六九年三月三十一日発行　美術出版社刊）であり、同書の見返しには「稲垣足穂様　巖谷國士」と記されている。

もう一つ忘れられないのは、私の目の前でA４判ぐらいの洋紙にタルホ・ワールドの一端をさらさらと画文にし、持って帰りなさいと与えて下さったことである。色紙や短冊ではなく、何枚かのケント紙風の洋紙に遅滞のない筆の運びで一気に書き流し「TAROUPHO INAGUAQUI」とある円いスタンプ様の落款を次々と捺していったのも、いかにも氏らしかった。六〜七枚ほど貰った筈だが、後に人にあげたのだろう。いま手元には一枚しか残っていない。その一枚には〈わたしは世界の果からネクタイを取換えにやってきた〉とあり、絵も添えられている。その詩章のような言葉をあまり深く考えることはないのだろう。即興音楽のようにフィーリングにゆだねて感じればいいのではないか、と私は思っている。そう云えば翌年（昭和四十五年）秋に刊行された作品集の扉には銀地に墨で〈星の疎らな夜／金箔がついた異様な装をして／遠くの海の見える山の背を歩き／眼を光らせて／「ツアラトゥストラはかく云えり」／と叫んでみたい　イナガキタルホ〉という肉筆が掲げられている。

一通り仕事の打ち合わせを了え、歓談の時が過ぎると、稲垣氏は「自分は行けないが、松村さんにお願いして席を用意してあるから」と云うではないか。全く予期せぬこの申し出に私は驚いたが、松村氏が「御案内しますので、どうぞ」と声を掛けて私を促した。奥様のお心遣いでもあったのかも知れないが、稲垣氏とはこういう人だったのか、と私は世評や噂とは違う年期の入った人物を見たような気がしたものだ。若い日に佐藤春夫に認められて文壇に登場しながら、やがて〃わが独り行く道〃を選んで世俗を離れた人間のもつ本然の心遣いにふれる思いだった。

松村氏が私を連れて行ったのは、そう遠くないところにある黄檗山萬福寺だった。一般的には普茶料理と呼ばれる中国風精進料理の席である。そこで松村氏と黄檗の料理を食べながら交わした話の内容は全く憶えていないが、稲垣氏を援ける松村氏が少しも気張ったところや外連《ケレン》味のない静かな熱情を秘めた方だったという印象ばかりを残している。

最後に記しておくと、三島由紀夫は頑として稲垣足穂には会おうとしなかった。三島の死後、稲垣氏は「三島ぼし隕つ」（『潮』昭和四十六年二月）と題したエッセイを書いているが、〝ナルシズムの処理を知らなかった〟〝空廻りの文学〟〝生きた肉体が捉えられていない〟等々の言葉で、三島文学と彼の処世・死に方に対する厳しい見方をはっきり記している。好敵手をよく知る氏の文章にして、はじめて納得できるものではないかと、私には思われる。

若い作家たちとの出会い

〝内向の世代〟の時間――黒井千次

どんな仕事でもそうだろうが、始めて三年ぐらい経つとそこそこ周囲に認められ、次第に裁量範囲も拡がってきて、自分の仕事が出来るようになってくるのではないか。保田與重郎、三島由紀夫、稲垣足穂といった既成の巨きな文学者たちとの仕事に恵まれる一方で、入社三年目を迎えようとする昭和四十四年になると、私は新しい書き手たちと本格的に接触をもち始めていた。野球を一緒に楽しんだ黒井千次氏もその中の一人である。少し後に〝内向の世代〟と呼ばれるようになった一群の作家たちが、文芸ジャーナリズムにその存在を明らかにしはじめた頃である。黒井氏もその一群に属する一人だった。彼等をじっくり見定めようとする傾向が強かった新潮社出版部では、〝内向の世代〟の作家たちにそろそろ担当者がつきはじめたぐらいの時だった。

そんな或る日、出版部の先輩編集者・梅澤英樹さんから「黒井さんを担当しないか」と声をかけられた。梅澤さんは既に黒井氏と接触をもっていたのだろう、私は梅澤さんに伴われて黒井氏と会うことになった。

〈九月九日　六：〇〇新宿　黒井〉と手帖にあるのがその時だったと思われる。どんな話をし、どんな印象を受けたかは記憶にないが、憶えているのは会った場所である。新宿駅の東口からそう遠くない所にあった〈つな八〉という天麩羅屋だった。黒井氏は大学卒業後、十五年間ほどを富士重工に勤める傍ら、専ら『新日本文学』に早くから小説を書いていた。私が初めて会った当時はまだサラリーマンだった筈である。夕食をともにするかたちでお会いしたから、きっと仕事を定時で切り上げて駆けつけてくれたのではなかったか。少し前の八月に河出書房から刊行された初めての作品集『時間』が注目を集めていた（同書はその年の文部省芸術選奨新人賞受賞）。梅澤さんは既に黒井氏の作品集刊行を決めていて、具体的な編集業務から私に委ねようと考えていたのだろう。その頃、出版部では、次世代を担う新しい書き手たちを励まし、執筆活動に刺戟を与えようという気運がようやく盛り上がって、まだ新進といっていい三十代の作家や評論家たちの、二千部から三千部しか刷れない作品集を、採算に目をつぶってでも出していこうという姿勢がみられた。そういう若い書き手の発掘に熱心だった河出書房、就中『文芸』を意識していたのではないか。余人は知らず、私は『文芸』に執筆する新しい書き手たちに注目することが少なくなかったのだ。

黒井千次氏の作品集『時の鎖』が刊行されたのは翌四十五年一月二十五日。昭和三十年代半ばに『新日本文学』に発表された二作以外は、昭和四十四年に発表された五作が収録され、黒井氏の堰を切ったような当時の執筆活動が偲ばれる。表題作となった「時の鎖」は『新潮』の十二月号に掲載された。戦時下に疎開先で起こった小学生たちの些細な事件が、四半世紀以上の時を経た昭和四十年代前半にもう一つの小さな事件となってかつての学童、今はそれぞれが社会の中堅として暮らしている彼等に及ぼした波紋を描いて、過去と現在を結ぶ「時の鎖」の意味を考えようとした中篇である。同作を読み返していて次のような文章に出会った私は、拙稿との繋がりに思いを致さざるをえなかった。「時間の経過というのは奇妙な働きをするらしい。それは、ある出来事の記憶そのものをぼかす、というより、記憶を自分に都合の良いよう修正する力まで持っているように思われた」「自分に都合よく修正していく力を持つ時間の経過をもってしても、どうしても修正しきれぬ過去の記憶というものがあることを、（中略）改めて確認せざるを得なかった。それは、記憶というより身体の中のどこかに附着してしまった一つの物体のようなものらしかった」。

「あとがき」で著者は「一九六〇年は狭いけれど一種透明な世界だった。しかし一九七〇年は、もはやそのような世界として捉えるわけにはいかない」と記しているが、小説家として、或る種の困惑を隠せぬ時代の状況をこれからどう作品化してゆくかという分水嶺に位置する一冊だったのではないかという気がする。

当時たまたま黒井氏と同じ東京西郊の市に住んでいた私は、氏のお宅によく伺ったものである。一回り違いの作家と編集者という前提はあったにしても、もう少しプライベートな付き合いをさせてもらったといっていい。というのも、黒井氏の奥様が二十代半ばの独身者になにくれとなく気を遣ってくれ、時々食事に呼んだり、一度は見合いの話まで持ちかけてくれたりしたことだった。黒井氏とはその後、私が平凡社に移ってから『歩行する手』と題したエッセイ集をまとめる仕事をした。

最近、ある集まりで久し振りに氏と一緒になり、帰途が同方向の津村節子氏、岩橋邦枝氏ともどもタクシーに同乗する機会があったが、御三方が車中で真剣に〝墓の話〟をしているのを聴いて、過ぎ去ったそれぞれの時間を考えたものだった。

芥川賞を獲らせたかった人――森万紀子（1）

芥川賞・直木賞が上半期、下半期と年二回設定されていることは読者の方々も御存じだろう。概ね毎年一月と六月に両賞候補作が発表になり、ノミネートされた五〜七篇が選考委員たちの最終審査にかけられて決まると、すぐさまマスコミに伝えられ、ＴＶや新聞でかなり大きなニュースとして報道される筈である。近年では、ノミネートされた候補作の作者たちは、選考当日主催者（文藝春秋）と電話の繋がる場所で各出版社の親しい編集者や親族・友人などに囲まれて待機し、今や遅しと連絡を待つのだと聞く。聞くというのは、私はそうした経験がないからである。或は四十年近く前にはそんな風景はまだあまり見られなかったのではないだろうか。いや、私が文学賞という「時の運」のようなイベントに無関心だったからかも知れない。

それはさておき、前述の黒井千次氏同様、四回も芥川賞候補になりながら、とうとう受賞に至らなかった森万紀子氏の不運を今に思う。と言いながら『文芸』の昭和四十四年六月号に掲載された「密約」が三回目の候補に挙げられたとき、私はその受賞を切望して、発表当日に森氏の傍にいた記憶はない。候補作を表題とする第一作品集を自らの手でもうすぐ刊行するという時期にも拘らず、である。

『密約』が刊行されたのは、四十五年一月二十五日、黒井氏の『時の鎖』と同じ日だった。今は知る人も殆どいなくなってしまった森万紀子という作家は、それなりの付き合いがあったにも拘らず、一種「謎めいた存在」の作家だった。私が氏の作品に初めて出会って印象に留めたのは学生時代、『文學界』昭和四十年五月号に発表された「単独者」で、同誌の新人賞佳作に入選した作である。精神病院に入れられた三十近い女性が退院後に、心配を装って近づいてくる既婚の主治医を拒まぬまま同棲に近い関係になる一方、退院が同じ日だった自殺願望の強い若い男とも交渉をもつ日々を描いただけのシンプルな筋だが、主人公直子の投げやりで強烈な生の意識が一読忘れ難い印象を残した。際立った文才の発露を感じさせるとか、洗練されているとか、テーマや構成に斬新さが見られるというのではなく、ひたすら一女性の徹底した生の感覚とその存在感が剝き出しのままで読む者に迫ってくるようなつよさが感じられた。まず創作のモティーフを投げつけたような「単独者」というタイトルからして意表を衝くが、この無作為とも思われる生硬な造語が却って新鮮なインパクトを与えているのではないだろうか。その造語のまわりに濃く漂っている空気を破って直子が繰り返し吐き出すかのように口にするこんな表現がいやでも気にかかる。「何をやったって同じ事じゃあない」「そんなこと、どっちだっていい事ですわ」「大した事ではない」「それでいいじゃない」等々……。こうした表現は、同年の『文學界』十月号に発表され、二度目の芥川賞候補作になった「距離」にも引き継がれている。

新人賞の選考委員だった大岡昇平はそのあたりの作風にふれて少し苦しそうに次のような選考評を寄せた。〈「単独者」にも欠点があるが、この作者は自我と環境について、或るきまった視点を持っている。それが話法と文体のよい味わいになって現われている、と思われた。ただそれは男性にとって少しやるせない性質のものである。（中略）私には一種のオリジナルなものが感じられた〉。

私がいつ森氏と接触をもつようになったかは審らかではないが、まず手紙の遣り取りが先行したように思う。手帖によると四十四年の七月十四日に〈一一：〇〇　森〉とあるから、そのとき会ったのが初めてだったのではないか。その頃すでに私は森氏の本を出したいという強い思いを抱いていたに違いない。併し、佳作とはいえ『文學界』の新人賞にからんだ森氏は同誌の編集部でこそ、将来性を期待されてはいても、わが『新潮』編集部ではその時点で担当者はおろか、接触をもっていた人すらいなかった筈である。そうした状況のもとで、河出書房の『文芸』八月号に「密約」が発表された。一読して私は、森氏が新しい構想と展開を求めて一歩を進めた作だと確信したのを憶えている。職業作家としての幅を意識して虚無的な素質と感覚を抑制し、作品世界を拡げようとした意欲作のように思われた。そのあたりの事情を自解するように、少し後になって森氏は新聞のインタヴューに答え、〈「単独者」の世界は女主人公の一人舞台で相手を全く無視したところで成り立っているが、今度はもっと多面的に、開かれたところで書こうと思っています〉(「読売新聞」昭和四十五年七月十四日)と述べている。

純文学雑誌の月号は実際の月より一カ月早く表示されているので、八月号というのは七月上旬に刊行されている。とすれば、七月十四日に会ったのは、この作を読んだうえで、前述のような感想を述べて森氏を励まし、なんとか出版部で本が出せるよう尽力してみるので、そのつもりでいて欲しいと、いわば唾をつけに行ったのではなかったろうか。

本物の虚無と孤独死——森万紀子(2)

森氏は小鳥を飼っていた。昭和四十五年四月六日号の『日本読書新聞』に寄せた「日録」の中にこんな一節がある。

小鳥、全部部屋に放つ。手乗りのものは、私が歩く通りにちょこちょこ付いて来る。犬のようである。来週引越しを機に、手乗りではないものは全部人にあげることにする。十姉妹に不具のヒナがかえったためである。

今日で一週間目。そのひどさが、ますます、はっきりする。（中略）成長して親が餌を与えなくなった時、自力だけでは生きて行けまい。せっかく生きているもの、完全な手乗りにし差し餌で天寿をまっとうさせたいと思う。色はきれいだが、この「みにくいあひるの子」に七、八年つき合うことになりそうである。

こんなエピソードを紹介したのは、「密約」が小鳥の繁殖を生業とする夫婦の話だからである。房総半島の海村に一人で現れた女は、田舎宿に滞在して夫が来るのを待っていた。二人は、小鳥の餌となるハコベ草を求め、トラック一台で各地を転々とするブリーダーである。同じ仕事の仲間が集まるその地に遅れてやって来た夫は荒々しく働く一方で、宿の若い女中と関係をもつ。この関係が引き起こした思わぬアクシデントによって、繁殖中の小鳥が大量に死んでしまうと、夫は同業者や村人たちに責めたてられる。結果をすべて受け容れた妻のアヤは、小説の最後で夫に対して、こんな思いを抱くに至る。「アヤは涙ぐんだ。人の生きて行く地上ががらんどうなことを知った者同士としての、限りないやさしさがこみ上げてくるのを感じた。遠くから、ただお互いに見つめ合っているだけでいい。何もない自分の周囲の向うに、やはり何もない所にたった一人立つ夫がいることで、ぬくもりが体中から一斉に溢れ出すのをアヤは感ずる」

この作を核とする処女作品集『密約』を企画・刊行するに際し、書名を河野多恵子の『美少女・蟹』に倣って『単独者・密約』にする案が出て上司と遣り取りがあった以外に、私は格別苦労した記憶がない。それまで全く新潮社と縁のなかった若い書き手であるにも拘らず、さしたる反対もなく企画が通ったのは、作家や批評家などの玄人筋に与えた印象が強く、作者への興味と相俟って未知数の魅力が噂されていたからだったような気がする。そうした評価の一例といっていいと思うが、同書の帯に吉行淳之介がこんな推薦文を寄せている。「森万紀子の作品の底にある虚無感は本物である。どの作品の味もよく似ているが、マナリズムを感じさせないのはそのためである。女主人公のものうく投げやりな姿勢に、いつもふしぎな美がまつわりついており、こういう人物を造形する情熱をもった作者というものは、いつも危うい線の上を揺れ動いている。この作者が綱から落ちないところに、私は文学というものの功徳（これも珍しい場合である）を見る」。

私はそれなりに森氏と行き来し、付き合った筈なのに具体的な記憶があまりない。私生活を見せない人だったのだろう。よく引っ越しをしていて、当時の住所録によると、昭和四十四年と四十六年では住所が違っている。そのどちらかだろう、森氏の狭いアパートを訪うたとき生活臭が全く感じられず、家具らしきものも見当たらぬさっぱりした空洞のような部屋の壁面に男物と思われる浴衣が一枚だけ掛かっていた光景を奇妙な印象とともに憶えている。あの光景はひょっとして幻だったのか、と思ってみたくなるような記憶である。ただはっきりした物証のある思い出は、『密約』刊行の御礼にパーカーの万年筆を貰ったことである。軸にうっすらとT.YOSHIMURAと刻まれているその万年筆は池袋のデパートへ一緒に買いに行ったものだ。刊行時の著者印税は十五万円程度だった筈で、その大半を電話を引く費用にあて、一割弱をその品に割いたと聞いた。定価が六五〇円、一〇%の印税だったろうから二五〇〇部刷ったとすれば計算が合う。

『密約』刊行の一年半後に新潮社を辞めた私が徐々に森氏と疎遠になったのは、仕事上の接点が殆どなくなったからだが、森氏が次第に厭人癖を募らしたことも一因だったように思う。山下若菜氏作成の年譜（角川書店刊「女性作家シリーズ16」所収）によると、〈一九九二年　五十七歳　この年の秋頃、体調不良を心配した兄の家に引き取られるが、まもなく三郷の家に帰る。（中略）一一月一七日、連絡がとれないのを心配した姉が三郷団地を訪ねて死亡を確認〉とある。『密約』の後、『黄色い娼婦』『緋の道』『雪女』（泉鏡花賞）などの作品で昭和四十年代から五十年代にかけて、寡作にも拘らず特異な女性作家として知られた森万紀子を憶えている人はもう多くないだろう。その才能と作風に無関心でいられなかった大庭みな子氏は、森氏の晩年に関わった数少ない文学者仲間として、「小説は濃密な肌の匂いと共に、狂気じみた内部世界のまざまざと見える作風だった」「このように生きているわたしがいる、と迫られるものだった」（『群像』一九九三年二月号）と評し、その死を惜しんでいる。

新文学をめざす大黒さん——三枝和子（1）

私は、『東京新聞』、それも夕刊だけをよく駅の売店で買って目を通す。こうした習慣は、もう四十年も続いている。何も地方から出てきて東京に少しでも馴染みたい、と思ったからではない。新潮社に入って間もなくの頃、私を指導してくれた高砂さんに、編集者たる者は同紙夕刊の名物コラム〈大波小波〉を読むべし、と教えられたからにほかならない。同紙は芸能・文化に強く、かつては全国紙が避けた芸事の世界や花柳界、さらには、文士や芸能人のゴシップをも臆さず扱うところに特色があったときく。〈大波小波〉は文壇・文芸ジャーナリズムの話題をよく扱う匿名コラムで、その辛辣さ、毒舌ぶりは出版関係者の間で人気があった。勿論、いまもこのコラムは続いているが、かつてに較べると随分やさしく穏やかになっていると思われる。日本の経済成長とともに浸透していった、〃金持、喧嘩せず〃という風潮がこのコラムにも反映されているのではないかと、四十余年前からの読者は皮肉の一つも口にしたくなる。なるほど、〃匿名は卑怯なり〃という正論も解らぬではないが、健全なジャーナリズムにとって小い人抵抗の具ともいうべき匿名批評は一つの手放せぬ武器ともいえるのではないか。少なくとも私はそう考えている。その武器の刃が鈍磨したり、錆が浮いたりするのは些か寂しい気がする。敢て私がこう記すのは、江戸後期の上方文人・上田秋成の「筆人を刺す、また人に刺さるれども、相共に血を見ず」の文句を思い浮かべるからでもある。

前置きが長くなってしまったが、平成十九年十二月十七日付同コラムに〈三枝文学の再評価〉と題した一文が掲載された。皮肉や毒舌ではなく、至極まっとうな『三枝和子選集』の紹介であり、その末尾は「三枝和子というとフェミニズム的志向の強い作家というイメージがあるが（中略）、フェミニズムの視点にとらわれすぎることのない自由な感性で三枝文学を批評することは今後の課題であろう」と結ばれている。大庭みな子、岩橋邦枝、水田宗子、与那覇恵子の四氏を監修者とするこの『三枝和子選集（全六巻）』は私の事務所で編集・制作を担当し、昨年の一月に無事完結したものである。限られた部数と宣伝もままならぬ刊行物だったので、知る人は限られているだろうが、それでも平均六〇〇頁ほどの六冊はテキストとして後世に遺したいと念じて取り組んだ仕事である。

三枝和子氏は昭和四年、神戸市に生まれ、戦後すぐ関西学院大学で哲学、主にヘーゲルを学んでいる。この経歴だけでも女性作家として特異といえよう。二十歳を過ぎた頃から創作に手を染め、教職の傍ら同人雑誌を創刊、サルトルはじめ、前衛的な戦後文学に強い影響を受けて小説の執筆を本格化させた。そんな氏と私が出会ったのは、昭和四十年前後、三枝氏の三十代半ば、私はまだ学生の時である。連載の初めの頃に大恩ある人としてふれた林富士馬氏のお宅にお邪魔していた折に紹介されたのが最初だった。

当時、駒田信二、小松伸六、久保田正文の諸氏とともに『文學界』の同人雑誌評を担当していた林氏は、京都で発刊されていた文芸同人誌『無神派文学』の三枝和子氏と文芸評論を書いていた森川達也氏に注目し、同人雑誌評で採り上げたのがそもそもの発端だった。三枝・森川の両氏は上京の機に、その御礼と挨拶かたがた林富士馬氏を西巣鴨の御自宅に訪ねたのである。私が同家で紹介されたのは多分その後の再訪問の時だったのではないか。というのも、二人について、林氏が私にこんな話をしてくれたのを憶えているからである。「三枝さんはアンチ・ロマン風の作風だし、森川さんも新しい評論をめざして、『無神派文学』という同人誌を二人で出してるっていうから、どんな戦闘的な人が現れるかと思っていたら、これが実に礼儀正しくて人の好さそうな御夫婦だったので、少々拍子抜けがしたくらいだったよ。そればかりじゃない。もっと驚いたのは、森川さんって播州の方の有名なお寺のお坊さんなんだって。だから三枝さんは大黒さんということになる。それでいて『無神派文学』だっていうんだから……面白いね」。林宅に様々なタイプの文学青年や浪漫派くずれの賑やかで個性的な人たちが頻繁に出入りしていた頃である。

そんな出会いからほぼ四十年、御夫妻との付き合いは時期によって濃淡はありながらも平成十五年の三枝、同十七年の森川御両人の死まで続いた。『三枝和子選集』の刊行は、森川達也氏の遺言と資金援助によって、三枝氏が応援した若い研究者であり文芸評論家でもある与那覇恵子氏と私とに託された仕事だった。

アマゾンの女戦士⁉——三枝和子（2）

三枝氏は三十代初めの頃から『群像』と河出書房の新人賞に応募しはじめている。両方とも二次予選や最終予選通過など、いいところまでいくのだが受賞には至らなかった。氏と面識を得たものの、私は氏の作品と熱心に付き合った訳ではなく、新潮社に入ってからも主に林氏の御宅でなんとなくお会いし、歓談の時を過ごすことがときどきあるというぐらいだった。

そうした緩やかな関係が続いていた昭和四十五年四月、氏の二冊目の単行本『処刑が行なわれている』（審美社刊）が第十回田村俊子賞を受賞した。それまでも三枝氏の作品を自らの手で一本にしたいという思いはあったものの、『新潮』とは縁がなく、また既存の文壇とはやや距離をおいた場でストーリー性を拒絶する創作活動を続けていた氏の作品集を、入社二〜三年の私が企画できる雰囲気はないと、半ば諦めに近い気持を抱いていた。そんな状況下での受賞である。私はこの機を逃す手はないと考えて、三枝氏の作品集を企画したのだった。その頃の新潮社出版部には、自社の雑誌に頼らない出版部独自の書き手を開拓しようという気運が旺んになりつつあったためでもあろうか、この企画は陽の目を見ることになった。

ともに今はないが、当時の田村俊子賞は、中央公論社主催の女流文学賞とともに権威のある、女性作家を対象にした賞だったのだ。どちらかといえば、女流文学賞が文壇的かつ普遍的な性格が強かったのに比べて、田村賞は個性的で斬新な作風の若手に与えられるという性格が顕著だったように思う。波瀾万丈の生涯を送った女流作家・田村俊子（明治十七年～昭和二十年）を偲び顕彰するために友人たちによって創設されたこの賞の第一回受賞者は、奇しくも自らの生に重ねるような評伝『田村俊子』（昭和三十六年　文藝春秋新社刊）を世に問うた瀬戸内晴美だった。因みに田村の姓は最初の結婚相手の小説家田村松魚に拠っている。

こうして同年十一月、作品集『死面《デスマスク》の割れ目』は刊行された。いま巻末の発表誌一覧を見てみると、収録八篇のうち大手の商業文芸誌に掲載された作は二篇、それも河出書房の『文芸』と当時創刊間もない集英社の『すばる』のみ、あとの六篇は同人誌発表作と書き下ろしである。改めてよく企画が通ったものだと不思議な気さえするが、こういうケースを思うと、然るべき文学賞の重みや役割を今更のように痛感させられる。

同書に収録された作品を解説する能力も紙幅もないので、ここは帯に遺された武田泰淳の、今となってはやや古風な推薦文を紹介しておこう。〈まず田村俊子賞を受けた『処刑が行なわれている』を読んだとき、おどろきをおぼえた。河野多恵子、倉橋由美子など男性作家をおどろかす女性作家が続出する。女性の才能は、作曲や映画監督に向かないで、小説にだけ適していると思われがちなのは、情に流されやすく、立体的な知的操作が不充分なためなのだろう。しかし、三枝和子は、男まさりの理性をしっかりと身につけ、カフカ的現実を、あらゆる視角から冷静かつ機敏にとらえる。きわめて独自な感覚を駆使しながら、また、人間存在にあまねく行きわたっている諸問題に、鮮明な表現をあたえる。女性をあなどりがちの男性に、するどい矢を射かける。すすめ！ アマゾンの女戦士〉。

アマゾンといえば南米のアマゾン河しか知らなかった私は怪訝な気持を抱えたまま辞書類をあたった筈である。広辞苑には「ギリシア神話に出てくる女武者から成る部族。(中略）転じて、女丈夫・女傑・勇婦の意」とある。無知を恥じて自ら学んだことは印象深く忘れ難いものだ。こうしたケースは私の場合、度々だったが、その都度〝もう少し勉強していたらなあ〟と嘆息をついた日も数えきれなかった。

それはさておき、この本には前述のように八篇が収められている。併し、それらの短篇の中に、表題となった『死面の割れ目』という題の作品がないのは珍しいケースといっていいだろう。短篇集の書籍名にのみこのタイトルを考えた著者の意が奈辺にあったのか、敢て三枝氏は説明しようとしなかったように思う。

十一月十九日〈2時ひかり・三枝宅泊〉と手帖にある通り、私はこの本が出来上がった晩秋に、著者の住む兵庫県滝野町を訪ねた。姫路駅からタクシーを使ったが、車が市街を抜けると豊かな田園風景が拡がっていて、これが播州平野か、と宮本百合子の小説名を思い浮かべながら車窓に目をやっていたのをなんとなく憶えている。着いたところは小高い山の上の五峯山《ごぶさん》光明寺、ここが三枝・森川夫妻の寺であり、住居だった。そんな暮しとその文学活動はなんとも結びつきにくいが、住職と大黒さんの任を離れた後も、御二人とも勁くしなやかな理性と該博な知識を、聖と俗の文目もわかぬ糸で織られた法衣にくるんだまま生涯を了えたかのように私には思われる。付言すれば、光明寺は『太平記』に「光明寺合戦のこと」とその名がみえる名刹である。

若い芥川賞作家との齟齬——丸山健二

昭和四十六年三月下旬に出版部から『週刊新潮』編集部への配置転換を命ぜられた私は、急いで残務整理と引き継ぎをし、四月の中旬には週刊誌の現場でウロウロしていた。従って自らがすべての編集作業を了えながら、出来上がったのは週刊に異動になってからという本が二冊ある。既記のようにそのうちの一冊は三島由紀夫の『蘭陵王』であり、もう一冊が五月二十日刊行と奥付にある丸山健二氏の『黒暗淵《やみわだ》の輝き』である。手帖によると、前年の八月十八日に〈丸山健二（長野）〉のメモがあるところから、その頃までに私が氏を担当することが決まり、挨拶かたがた長野に住む氏を訪ねたのだろう。

私より一歳だけ年上の丸山氏が『文學界』の新人賞に続いて昭和四十一年下半期の芥川賞を

「夏の流れ」で受賞した時は、まだ二十三歳だった。執筆当時の丸山氏は、電波高校を出て中堅商社に勤め、テレックス・オペレーターの仕事をしていた。所謂文学的環境や教養とは余り縁のないところで育った氏は、不意に襲われた突発的な文学的衝動から、「夏の流れ」を書いたらしい。この作は、平凡な家庭人である刑務官の「私」と同僚が、死刑執行の当番に決まったことによる動揺と、当の死刑囚のおびえや平静を欠いた言動をドライな筆致で描いた異色作だった。

ふつう出版社が主催する賞を受けてデビューした新人作家は、暫くは当該の出版社との結び付きが強く、その社の文芸雑誌に書く場を与えられ、本も出して貰うという傾向が強い。丸山氏の場合は『文學界』新人賞作家ということでまずは文藝春秋がバックにつくという具合である。併し、その力が広く認められ、執筆意欲が旺盛になってくるとともに、付き合いの出来る出版社が増えていくのも一般的なケースである。雑誌『新潮』もそうした流れのもとに丸山氏にアプローチし、執筆を依頼したのだろう。

『黒暗淵の輝き』に収められた表題作は『文學界』に掲載された短篇だが、あとの二作「夕べのラーガ」と「315号室」は昭和四十五年九月号と十一月号の『新潮』に掲載された作である。「315号室」は商社の通信士として勤める一青年の孤独で鬱結した日々を描く自伝的な中篇という意味で判りやすい作としても、「黒暗淵の輝き」と「夕べのラーガ」は今回読み返して、超現実風なシチュエーションの中で特異な人間を動かすその作風から、丸山氏が早くも自らの資質と才能の深奥に錘《おもり》を降ろそうとした初期の重要な作なのではないかという気がした。付言すれば、装幀に曼荼羅を画題にした異色の画家、前田常作氏の絵を使ったのは、前述の作風と通底するものをなんとなく感じた私の独断だった。

丸山氏を信州に訪ねたとき、たしか長野市郊外の小さな家に夫人と暮らしていた。作家や編集者が酒場に集まって議論や歓談の中で交友と仕事を繋いでいく文芸ジャーナリズムの在り方に嫌悪感を隠さなかった氏は、当時からずっと信州に住み続け、都会人であることを拒否する生き方を貫いているようだ。

丸山氏について記しながら、実のところ私は今も忘れることのない悔悟の念を持て余している。この四十年余、仕事の相手、就中大切な書き手の機嫌を一時的に損じたぐらいはあったとしても、はっきりと怒らせたのは丸山健二氏以外に記憶がない。というのも『黒暗淵の輝き』の刊行が決まった後、次作としてその頃スタートしたばかりの〈新鋭書下ろし作品〉の一冊をお願いし、その取材の手援けをしていたある日、言葉の行き違いから氏と私は気まずい関係になってしまったのだ。

巨大タンカーに乗ってアラビアに向かう青年を主人公にした書き下ろし長篇執筆のために、丸山氏は昭和四十五年から正月を挟んで一カ月余を昭延丸というタンカーに乗船して体験取材をしている。航海を了えて帰ってきた氏を、私は和歌山県の下津という港に出迎えたが、その帰途東京へ向かう新幹線の中でトラブルは起こった。年齢がほぼ同じということもあって、私は職業感覚よりも友達感覚が勝っていたのかも知れない。どういう話の流れだったかは憶えてないが、「小説家にとって学歴は関係ない」という意味の発言をした私に対して、丸山氏は不快感を露わにし、「そう単純なものではない。大学に行けなかった者の屈折した思いは、あんたには解らない」と返してきたのだ。丸山氏は信州から国立仙台電波高を卒えて職に就いていたが、私は二流とはいえ、四年生大学を出ていた。たしかに当時は同年齢者のうち四年生大学に進んだ者は二割に満たなかった筈である。私の発言の当否は別にして、その口調や語気が配慮を欠いていたのだろう。

車中で隣り合った二人はその後、東京まで沈黙したままだったように思う。とはいえ、私と丸山氏はそれからも三カ月余、なんとか仕事上の交渉を維持し、私の異動に従って付き合いは自然消滅した。それでも氏は、昭和四十七年一月、件《くだん》の書き下ろし『黒い海への訪問者』が刊行されたとき、平凡社へ移っていた私に署名入りの同書を送ってくれた。

初めて小説に挑んだ詩人——生野幸吉

先に田中美代子氏の項で御宅に伺って夕食に鍋物を振る舞われたと記したが、自宅に筆者を訪ねることは編集という仕事の基本だと教えられていた。今ほど外食産業が普及してなかったせいもあるだろうが、御自宅を訪うことによって、書き手の生活環境や周辺情報が得られるのは、仕事を円滑に進めるうえで大いに意味のあることだと考えられていたのである。つまり書き手とどう付き合っていくか、どういう関係を築いていくかについていろいろな示唆が得られる貴重な機会という訳である。それとなく家族構成を窺うことに始まり、応接間とか居間のレイアウトや家具調度をこの目で見たり、どんな絵や軸が掛ってるかを知ったり、出された茶や珈琲の茶碗・カップ類の趣味を察したりという具合である。とはいいながら、私の経験でも時代とともに御自宅に筆者を訪ねるケースは徐々に少なくなっていったように思う。飲食店か喫茶店、ホテルのロビーなどで面談することが多くなっていったのは、住宅事情の変化はもとよりその種の場所が増えて気軽に利用出来るようになったからでもあろう。併しこちらが齢を重ねて〝大人の遠慮意識〟が強くなったのはともかく、そうした便宜的な理由以上に、人間関係が透明かつ抽象的になり、人と人との間に踞る日常の具体性やよしなしごとが隅に追いやられていった合理的な時代への流れと無縁ではないような気もする。

こんな感懐を抱いたのは、今振り返ると二十代の私はけっこうよく書き手の御自宅に出入りしていたように思い出すからである。例えば独文学者で詩人の生野幸吉氏の御宅に一時期頻繁に通ったものだった。手帖によると、昭和四十五（一九七〇）年三月十三日に〈二時、生野幸吉宅訪〉とあるのが最初だと思われるが、以後四月三日、二十八日、三十日、五月六日、十二日、二十一日、六月十二日、二十六日、七月十六日、二十五日、八月二十四日、二十七日……といった具合で、この期間に限っていえば最も多い訪問であるといっていい。その年の十一月に刊行された『私たち神のまま子は』の書下ろし最終稿を貰うために通ったのだ。大正十三年生まれだから、当時の生野氏は四十六歳、齢の離れた若々しい夫人とまだ学齢前の坊やとともに吉祥寺に暮らしていた。当時私の住んでいた中央線の最寄駅から三つ目の駅で、職場へ通う途中という便のよさもあったろう。出勤の途中、十時半頃に立ち寄り、少し長居すると昼食が出てきたことも何度かあったように憶えている。

ドイツ文学を講じる一方、高村光太郎賞を受けた抒情詩人として既に一家を成していた氏は初めての散文＝処女小説に取り組んでいたのだった。この小説の第一稿に着手した頃、氏は東大文学部助教授の職にあった。あとがきに「創作の経過と、わたしのつとめる大学の文学部の状況とを併せてみれば、これは滅茶苦茶な強行」だったとあり、続けて執筆の直接的な契機にふれて、「抒情詩を表現領域としている人間に散文への転機をあたえた、というよりも長いあいだの不決断を、のっぴきならぬ決断へと促したのは、大学紛争そのものであった」と記している。更に本書が成るについては『ユリイカ』の清水康雄氏の勧めや助力があり、坂本一亀氏の適切な批評が与って大きかったとあるところをみると、清水氏が出版部長に橋渡しし、それが私に廻ってきたのだろう。部長から第一稿の生原稿束を渡され、「読んでみろ」と云われたことは記憶にある。

いかにも詩人の書く散文、といった趣きの文体を意識しつつ、〈堕されるはずだった私と、妻に堕すことを命じた私……二つの胎児の幻影につかれた悔恨の記憶と微熱にうかされたような心象風景との間に浮沈する時間〉を描いたこの作は、詩の枠に納まりきれない表現をどうしても散文に託さざるを得なくなった産みの苦しみが感じられなくもない。そのあたりの事情を著者はこうして自解している。「わたしにとってこれからの散文作品は、従来の抒情詩の作業と一つながりの、もし自分でそう言ってよければ、発展である。しかし、小説は芸術であるか否かといった問いを別としても、技法のすべてについて、ことに文体や、そのリズムの殺し方について、いちいち自分の過去の習性を変えてゆかねばならず、それは結局は生活態度そのものを変えることになる」（『波』一九七〇年11・12月号）

大学紛争に翻弄される一方で、詩から散文への「発展」に精力を傾けていた時期、生野氏の御宅に何度も伺いながら、私は慌しさや大変さを感じたり、氏の疲れた様子に接した記憶は全くない。小体ながら戦前の中流階級もかくやと思わせるような洋館風の御宅には、ゆったりした、穏やかな華やぎが漂っていたように思い出される。

新聞で生野氏の訃報に接したのはそれからほぼ二十年後の一九九一（平成三）年、私にとっては既に遠い思い出の一齣になっていた頃で、六十六歳の死は少し早すぎると思ったことだった。

虚に実を見ようとした人——川村二郎

権威と一流を嫌った人

　前記したように武田泰淳からアマゾネスに比された三枝和子氏はかなりの酒豪でもあった。相当に酒の入った席でも酔った風な様子を見かけたことがない。その三枝氏も含めて文壇関係者がよく出入りしていた酒場に下戸の私も仕事柄、時々顔を出したが、三枝氏とともにその店の常連といってもいいもう一人の酒客がいた。ドイツ文学から入って文芸批評を書き始めていた川村二郎氏である。

　一見して小柄で華奢な川村氏の場合、感覚的に酒豪という言葉は相適しくない。かといっていわゆる酒好きというゆるい感じでもない。ただ酒を呑むことが生きるという責務の一部と化しているかのごとくだった。少なくとも私のよく知る壮年期の氏は、酒に呑まれることなくいつまでも呑み続けられる人という印象があった。酒を傍らに、氏は書物に向き合って倦むことのない生涯を了えたに違いない。もっとも、五十代後半から旅に費やす時間も少なくなかったのは、『日本廻国記　一宮巡歴』（昭和六十二年　河出書房新社刊）を上梓したことからも窺われる。

私が川村二郎という名前を識ったのは、おそらく学生時代の昭和四十一年だったろう。同年の『展望』（筑摩書房刊）九月号に発表された「保田與重郎論」を読んだからだと思う。既に橋川文三の『日本浪曼派批判序説』（昭和三十五年　未来社刊）によって再評価の基礎が固められていたとはいえ、昭和四十年代前半にはまだまだタブー視されがちだった保田を正面から論じた文章としては、他に大岡信氏の『抒情の批判』（昭和三十六年　晶文社刊）に収められていた「保田与重郎ノート」ぐらいしか知らなかった私は、この未知の筆者に興味を覚えたのだった。しかも、前二者の評論が、否定と肯定を往きつ戻りつする間《あわい》にまだ僅かな政治臭を感じさせたのに較べて、川村氏の論には政治的な文脈を意識して排除し、文学そのものとして扱おうとする強い意思が読み取れたので、いっそう身近なものを感じたのではなかったか。とはいえ、これまた新潮社とは無縁の書き手、臆する気持も手伝ってなかなか接触するチャンスがつくれなかった。そんな私が意を決したのは、昭和四十三年の『文芸』十一月号に発表された氏の「虚構のリアリズム――浄瑠璃の世界」に背中を押されたからではなかったか。

エピグラフ（文章の冒頭に記す題句や引用句）にヴァルター・ベンヤミンの「ただ希望なき人々

のためにのみ、われわれには希望が与えられている」を付したこのエッセイは、江戸中期、近松門左衛門の後に現れた浄瑠璃作者・近松半二の作品を主に採り上げて論じたものである。前者を一流とすれば、後者は明らかに二流の作者という評価が専らだといっていい。その論旨を文中から敢て拾えば、「門左衛門が、虚と実との一種弁証法的な総合としての真実を考えていたとすれば、半二はただひたすら虚へ固執していた観がある」「ほかならぬこの虚への執し方、並はずれた強さのために、その世界は真実の影を帯びざるを得なくなる」といったあたりになろうか。この文章を読んで間もなく私は、川村氏に手紙を書いたのだと思う。手帖によると、同年十二月二十七日にお宅を訪問している。

当時、都立大学（現首都大学東京）に奉職していた氏は、大学と同じ私鉄沿線の横浜市北部・日吉にある集合住宅（団地）に住んでいた。初対面にも拘らず、私は川村氏の保田論や近松半二について拙い感想を陳べたうえで、それらをまとめて出版したい旨申し入れたのだろう。ところが、私が読んで興味を惹かれた前掲二作を含む第一評論集は既に河出書房新社から一本になる話が進んでいるという答えが返ってきたのだ。私が知らないだけで、氏の書くものは仲間の文学者や然るべき編集者の間で既に評価が高かったのである。正直なところその返事に私は少なからず落胆した。がここで退いては勇を振るって会いにきた甲斐がないと考えた私は、「それでは二冊目を出させて下さい」と頼み込んだのだ。

するると考え込むような沈黙の後に氏はこう言ったものだ。「吉村さんがそう言ってくれるのはありがたいが、どうも僕は新潮社で出すのは気が進まない。河出や筑摩ではなく新潮社というのがひっかかる。いっそ〈吉村書房〉の申し出なら、喜んでお願いしたいんだが……」と。そうはっきり言われると、私はひるまざるをえなかった。併し、そこは現実的に考えて下さい、と押し通すしかない。「川村さん、それは無理というものです。なにも新潮社に挨拶して欲しいとは申しません。私を吉村書房だと思って、私に委ねて下さればいいんです」と応じるほかなかった。

氏は私の申し出をはっきり断るほどの強い気持はなかったろうが、世間的な権威や一流の存在に対する屈折した否定の立場と思いをそういう表現で私に伝えておきたかったのかもしれない。そうした遣り取りはあったものの、二冊目の評論集『幻視と変奏』は二年三カ月後の四十六年三月、私の手で新潮社から刊行された。

マーラーとブラームス

昭和三十八年に上京してから四十年代の前半にかけて、私は転居を繰り返した。やっと腰を落ち着けたのは、ＪＲ中央線が延びる東京西郊の東小金井、まだ田畑の多い土地に建つ棟割り長屋風の風呂付き２Ｋアパートだった。就職して半年程経った頃ではなかったか。その住まいにボーナスを貰うたび少しずつ大型の電気製品が増えていった。

最初に買ったのは洗濯機だったと思うが、その次に備えたのはステレオだったのではないか。言うまでもなくCDは存在せず、テープも普及未しで、レコード全盛期の話である。音楽といっても私などは、およそ本格的なリスナーではなかったが、作家や編集者の中には、クラシック愛好家が少なくなかった。以前に何度か登場願った斎藤十一さんは大のつくクラシック・ファンで、同好の芥川賞作家五味康祐と音楽談義を楽しみ、とうとう『藝術新潮』に「西方の音」と題するエッセイを連載させた程だ。出版部にも音楽や再生装置に詳しい先輩編集者がいて、彼は小林秀雄がステレオを選ぶについて相談にのったときいていた。

ボーナスが出ると、私は迷わず彼に頼み、秋葉原に一緒に行って貰って、初心者用のステレオを買い揃えた。当時はアンプ、チューナー、プレーヤー、スピーカー、カートリッジ等の部品ごとに複数のメーカーの製品を組み合わせて揃えるケースが多く、私の場合もそうだった。もちろんそのステレオ装置は残っていないが、スピーカーがフォスター、カートリッジがグレースというメーカーの製品だったことを何故か憶えている。かつてそのステレオで聴いた二枚のレコードについての話をするつもりで、前説が少々長くなってしまった。

川村二郎氏の『幻視と変奏』には、一作を除いて第一評論集『限界の文学』(昭和四十四年四月　河出書房新社刊)刊行後の二年程の間に書かれた文章が収められている。著者の好みを反映して太宰治、井伏鱒二、吉行淳之介、河野多恵子、立原道造を採り上げた現代作家論など十一篇で構成された本書は、気鋭のドイツ文学者としてルカーチ、ベンヤミン、アドルノを論じ、新進の文芸批評家として保田與重郎、釈迢空（折口信夫）、近松半二への思いを託した文章から成る『限界の文学』の後塵を拝した書という印象は正直免れない。

ただ私にとって有り難かったのは音楽を扱ったエッセイが収録できたことだった。この一文によって氏の音楽に対する深い思い入れと自負を私ははっきり認識させられたものだ。とはいえ、氏の場合、文学同様その好みは偏愛といっていい。「本当に好きな音楽家の数は非常にかぎられていて、範囲は広くない」「もし、すべての音楽家の中で誰を好むかとたずねられたとすれば、ぼくは即座にシューベルトと答えるだろう。すぐつづけて、しかしマーラーが第二というわけではない、とつけ加えるだろう。第一ではないが、といって第二でもない、そんな曖昧ないいかたをするよりほかない所に、ぼくにとってのマーラーの意味があるらしい。ブラームスなら、はっきり第二といえるのだ」「シューベルトにおいてぼくが何よりも心を奪われるのは、やはりあの『長々しさ』、実際の演奏時間の長短にかかわらぬ長さの印象にちがいないが、マーラーへの傾倒も、当然まずその長々しさに多くを負うているはずである。いいかえれば、ロマン的な心情の法外な時間無視に対する憧憬が、彼らへのぼくの偏愛を支えている」と記しているところからも窺われよう。

音楽を扱ったエッセイとは、この引用文が含まれた「四度で啼く郭公——マーラー随想」だった。この表題は言うまでもなくマーラーの第一シンフォニー冒頭をさしている。恐らく当時の私はマーラーといわれても、なんとなく耳にしたことのある音楽家、というぐらいの認識しかなかった筈である。

この本が出来上がって間もなくの頃、著者と私は誘い合って新宿へ出た。雑踏を歩いていると、突然川村氏が、「ちょっと」と言って私を引っ張るように道を逸れて一軒のレコード店に入った。たいして時間はかからずに、氏は二枚のレコードを購った。道に戻ってなにやら照れくさそうな口調で川村氏から、このレコードを御礼と記念にと手渡されたものの、思いがけない氏の行為に私は「ありがとうございます」と短く返しただけで中を確かめることなく、レコードの入った袋を手に目指す店へと急いだ。

担当した本の著者から御礼の意をこめて、ものを貰うことはあったが、レコードは初めてだった。そのレコードとは、マーラーの〈第一シンフォニー（巨人）〉とブラームスの〈弦楽六重奏曲一番・二番〉だった。因みに、前掲エッセイ中で川村氏は、「場合によってはブラームスの二曲の絃楽六重奏とかいったものを聴いていて、いつもというわけではないが目のぼやけてくることがある」と告白している。実は川村二郎氏の項を書き始めるに当たって、私はこの二枚のレコードを探し出し、数年前に買った安いレコードプレーヤーにかけて聴いたのだった。

〝まつろはぬ〟批評家の死

マーラーは郭公の啼く音を確かめ、感情を包み込むような大様さに心身をゆだねていればよかったが、ブラームスについては、少し意識的にその音楽と向き合っていた。というのも、三十八年前に川村氏から戴いてすぐに聴いたブラームスには、深夜独りで自らの傷口を舐めているような自虐性を感じて妙に辛く聴いた憶えがあったからである。当時ほんの少しばかり聴いたモーツァルトに比して、ブラームスは音楽でありながら〝近代詩〟そのものではないか、と感じたのを憶えている。後日そんな感想を川村氏に洩らした時、氏は強く否定こそしなかったが、〝やれやれ〟といった表情でトンチンカンな私感について返事を返してくれなかったものだ。今回少しばかり意識して聴いた弦楽六重奏曲はかつてとは違って随分明るく軽やかに聴こえた。その明るさの奥に哀しさというより、かすかな寂しさのような感傷が通底しているとしても、である。

『幻視と変奏』に立ち返ると、この書名が著者の音楽に関する教養に由来しているのは言うまでもない。書名についてはあれこれと迷った末に、結局落ち着いたところは川村氏の発案によって〝主題と変奏〟という楽理用語をベースに〝主題〟を〝幻視〟に置き換えてこの書名に決まったのだった。ついでに言えば、『限界の文学』という書名は、保田與重郎の「芸術の限界と限界の芸術」（昭和十一年刊『英雄と詩人』収録）に拠っていると私は思っている。

川村氏とはウマが合った、などと言えば氏から嫌な顔をされるのは必定だが、私が新潮社を辞めてからも暫くは顔を合わせて遠慮のない話をする機会が少なくなかったし、時々は仕事をお願いし、教示を乞うこともあった。およそ人間の質は違っていたろうが、共通点をさがし、敢て言葉にすれば、二人とも社会人としてそれなりに勤勉で律儀だったにも拘らず、その胸底に〝まつろはぬ〟ものを共有しているという認識がお互いにあったからではないだろうか。

もう三十年以上前のことだが、例えば川村氏は酒場のカウンターで隣り合って雑談している私に向かって、「君は〝抜き身〟を引っ下げて通りを歩いているような危なっかしさがあるんだよ」とか、新潮社を辞めて再就職した平凡社を十余年後にまた退社、フリーランスになった中年期には「あんたはいつも綱渡りをしている。今に落ちるんじゃないかと思っているが、意外に落ちないのが不思議なくらいだ」などと突然、遠慮のない言葉を私に投げかけることがあった。その類いの川村氏の表現にはいつも否定と肯定の気分が等分に含まれていると信じている私は、むしろ喜んで聞いていた節さえあったように思い出す。

そんな関係があったからだろうか、昭和五十六年に講談社から上梓された氏の『語り物の宇宙』（甲賀三郎、小栗判官、しんとく丸など、説経節の世界を扱った書）が十年を経て講談社文芸文庫に入ることになった時、巻末に付す作家案内を私に書くようにと依頼があった。池内紀氏の解説は同書にふれたエッセイだが、作家案内は、川村氏の経歴を緯糸に文学的プロフィルを概観する文章である。著者の御指名とあって、それまで見ず知らずの私に委ねざるを得ない立場の担当編集者・野村忠男さんを前に私は否も応もなかった。正月休みの間を使って、氏の既刊書を拾い読みし、氏との付き合いの中から使えそうな要素を思い浮かべて何とか恰好をつけたことだった。

一昨年、夏も終わろうとする頃、久し振りに川村氏とお茶を飲む機会に恵まれた。もうすぐ八十歳になるという氏は、五十歳後半から全国の一宮を公共交通機関以外はその脚で巡った自信もあって健脚を自負していたが、その時は「さすがに八十歳にもなると、このところ脚が弱って、以前のように歩けなくなってきた」と諦め顔で話したことだった。川村氏が突然亡くなったのはその半歳後である。仕事で福井市郊外に出張中、家人からの連絡で訃報に接した私は、暫く、哀しみとも困惑ともつかぬ名状しがたい感情に捉われた。最後に会った折、衰えを口にしていたとはいえ、それはあくまで川村氏にあっての相対的加齢現象、平均的な老齢者と較べれば、細身で勁い命に違いないと信じ込んでいたのである。帰京後、葬儀に参列して御家族も全く予期せぬ急逝だったと聞いた。思えば、氏は命を惜しむ人ではなかったし、見るべきものは見た、やるべきことは大方果たした、と観じていたのではないだろうか。いつものように深夜、酒と本を手元において、朝には居間の椅子で事切れていたという。

私にとって川村二郎氏は〝川村さん〟であり、〝先生〟と呼んだことも思ったこともないが、ここは川上弘美氏が『読売新聞』（二月十三日付）に寄せた深切な追悼文「川村先生」からその末尾を写させていただいて、わが謝意の代わりとしたい。「少しの言葉を口にするだけで、まわりに何かを与える存在を、人は『先生』と呼ぶのだ。突然の逝去で、もうわたしには『先生』と呼びかける人がいなくなってしまった。さびしくてしかたがない」。

評論的なものへの親近感

片山敏彦に師事した美学者――高橋巌（1）

文章が読める、解るというのはどういうことか。或る文章について、文法的に文脈を辿ることが出来ても、そこに使われている単語が理解できなければ文意を十分に汲みとることは出来ないし、執筆者の主観的表現についていけなかったり、文章の背景となっている教養が欠如していたりすれば、字面を追うだけで、理解も半端なものにならざるをえない。併し一方で、そうであってもなお、或る文章に惹かれたり、琴線を動かされたり、刺戟を受けたりすることがあるのは何故だろう。その場合、読む方は文章全体を論理的に理解しているのではなく、部分部分を感じているのに違いない。感じる能力＝感度はやはり若い時が高い筈である。私は感じることをきっかけに、然るべき書き手の世界から少しでも学びたいと考えて取り組んだ仕事も少なくなかった。その代表的な例が、高橋巌著の『ヨーロッパの闇と光』だったように思う。昭和四十五年二月に発行されたこの本の成立事情については、〈「藝術新潮」に昭和四十三年一月号から十二月号にかけて連載されたエッセーに手を加え、更に他の機会に発表された若干の論文と新たに書き下ろしたものを加えて、全体がひとつの統一体を形作るよう意図されている。前半は美術史、後半は美学の問題が主として扱われている〉と「あとがき」にある。

高橋氏は昭和三年の生まれだから当時四十歳になったばかり、慶応大学文学部助教授として美学を講じていた。二十代の終わりから三十代にかけて通算で五年間をドイツに留学し、二度目の留学から帰って間もない頃である。美学者としてというより、一個の人間としての魂の記録ともいうべき本書は、合理的思考が支配的になるとともに「魂の故郷を喪失」した西洋近代の芸術の中に、高橋氏なりの志向に沿って〝神〟の存在をさぐり、その復活を求めようとしたエッセーである、といえようか。いわゆる美術史とはまったく質を異にした思索の書である。

例によって当時私が書いた、勇ましいスローガンのような帯のコピーを援用しておく。《西洋美術の流れを辿り、その根元に隠された精神の甦りを探って、近代が失った感覚の優位を呼び戻す！／〈闇〉の奥処《おくが》に光をたずね、〈光〉の彼方に神をみようとした、あるヨーロッパの情熱——その行方に魅せられてきた著者が、共感し、反撥する自己の存在感情に託して綴ったひとつの精神史！》。高橋氏はドイツ浪漫主義思想を核としながら人間にとって芸術とは何かを、自分の問題として問いつめたかったのだろう。「あとがき」で「私と同じような存在感情をもって生きている人々にあてて書かれたひとつの人生論の試みである」とまで述べている。

私は、この本を担当したことによって、貴重な収穫を得た。というのも、浅学の身、それまで識らなかった大切な画家たちを教えられたからである。西洋の絵描きといえば、イタリア・ルネッサンス期や近代の印象派あたりの、大旨教科書に出てくるビッグネームぐらいしか知らなかった若い私にとって、たとえばグリューネヴァルト、フリードリヒ、ベックリンといったドイツ系の画家たちの仕事《ワーク》はきわめて刺戟的だった。当時はまだ余り知られてなかった名前の筈である。

この本を読み返していて、片山敏彦の名前に出会った私は、今頃になって「ああ、そうだったのか」と得心したものだ。まだ十代だった高橋氏は、『近代文学』の二号（昭和二十一年）に掲載された片山の一文に魅せられ、以後片山敏彦を師と仰いで、西洋の文学・美術・音楽・思想などを直接学んだのだった。その頃の思い出を高橋氏は本書でこう記している。


はじめておそるおそる清水町のお宅のくぐり戸を、どこからか聞えてくるフルートの音をききながら入ったときから、何回私はそのように彼の光につつまれて、広大な展望のもとに語られるヨーロッパの詩人たち、思想家たちのことを思い、彼の朗読する詩に耳をかたむけたことだろう。私ははじめて身近な日本人から、肉体化された思想として、理想主義の叡智をうけとることができた。しかも人間性への侮蔑を肯定するところに成り立って

いる多くの日本的巧言令色が巷に氾濫している社会の中においてである

二人の親交はその後も続いたのだろう。「一九五七年の秋、ドイツへ出発する日を数日後にひかえて、私は片山敏彦を軽井沢に訪ねた。その頃私は自分が多分にうとましい存在になっていたが、彼によって播かれた種がまだ私の心の中に生きていることを信じることができたので、それが留学の期間に芽を出し、花を咲かせることを祈りたい気持で一杯だった」と追懐している。

戦後の日本ではあまり流行らなくなった〝魂〟の問題に拘わり続けた高橋氏は、人智学（人間のうちにある認識能力が訓練によって透視力をもち、精神世界が直観的に観照されると説く、一種の精神運動）のルドルフ・シュタイナーに共鳴するまま、慶応大学を辞してまでその思想の普及に専心している。

散歩と食事とワグナー――高橋巖（2）

『藝術新潮』連載稿をベースにした単行本を担当することになった私は、高橋氏に会うために何度か鎌倉の居宅に足を運んだ。横須賀線を鎌倉駅で降り、江ノ島電鉄に乗り換えて由比ヶ浜駅で下車、歩いて一分とかからぬところに高橋巖氏は居を構えていた。記憶に間違いがなければ、簡素な屋根付きの小さな門があった筈である。その門を潜って十歩か二十歩進むと、隣接して二棟に分かれた建物があり、向かって右手が母屋、左手の小さな建物が接客室と書斎になっていた。たいていは午後二時とか三時に訪ねると、書斎に招じ上げられて、まずお茶を喫みながら、仕事上の打ち合わせをするが、すぐに雑談に移る。そうやって一〜二時間を過ごす間、近所のレコード屋さんだろうか、五枚〜十枚のレコードを届けに来たことが一度ならずあった。そうこうしているうちに四時を過ぎると「吉村さん、散歩しましょう」ということになる。二人は揃って家を出、鎌倉の海岸をのんびり歩く。その頃になると、私はもう帰るのを半分諦めて、流れに身をまかせる気分になっている。晩ご飯まで御馳走になるつもりはなく、夕刻には辞去しようと思っていても、なんとなく高橋氏の時間とペースに合わせていると、こうなるのが常だった。

散歩から帰ってきて一息いれていると、当然のように食事が出てくる。勿論その頃の私は独り身、高橋氏も若い編集者を相手に過ごす時間を結構楽しんでいる風があったので、私はずるずると腰を落ち着けることになる。話題は多くが、この本の内容をめぐる真面目なものだったろうが、俗塵と距離をおく純情派のようにも見受けられた高橋氏は、私の話す俗世の俗話を却って興味深く訊いてくれたのではなかったか。これは少し後になってからの話だが、高橋氏と付き合いがあり、その頃私とも親しくしていた車谷嘉彦氏（後に直木賞を受けた車谷長吉）が、当時流行っていた東映のやくざ映画を観に連れて行ったところ、高橋氏はその様式美にいたく興奮感激の様子だった、と半分面白がって私に話したのを思い出す。

食後の歓談が一段落した九時近く、そろそろ退散しなければ、と心の準備をしている私に向かって高橋氏から決定的な誘いの言葉が発せられる。「吉村さん、そろそろワグナーを聴きましょうか」。その誘いを受け容れるともう帰れない。高橋氏のワグネリアンぶりは尋常一様ではなかった。そうして結局、氏の御宅に泊まるハメになったのは一度だけではなかったのではないか。

手帖によると、昭和四十三年十月二十二日、三田の慶応大学に氏を訪ねている。『藝術新潮』の連載が同年十二月号で終了しているから、連載の最終回を書き上げた頃だった筈で、私が鎌倉のお宅に何度か伺ったのは、翌昭和四十四年になってからだったのだろう。かつて片山敏彦に私淑し、教えを乞うために度々師の家のくぐり戸を入った高橋氏にしてみれば、なんとも物足りぬ若者をよく遇してくれたものだ、と今になって思ってみる。

話は変わるが本書を担当した私は、その装幀について日本画家・近藤弘明氏の絵が相適《ふさわ》しいのではないか、と早くから考えていた。生家を寺とする近藤氏は、これまでになかった新しい仏画をめざすかのように、この世でもあの世でもないような幻想的な風景を創造し、日本画壇のみならず、前衛的な美術の世界で注目を浴びていた。私は直観的にその作品世界がドイツ浪漫派と神秘思想に惹かれる高橋氏の世界とどこかで重なるような印象を抱いたのだ。荒涼とした地平線の上に小さな月がかかり赤っぽい空を背景に、奇妙な植物が揺らめきながら鈍い光彩を発つ花を咲かせているカバーの絵は、ある時期の近藤氏の画風をよく示す作であろう。この装幀がきっかけで、私は近藤氏とも親しく付き合うようになり、アトリエを訪ねたことがあった。敢て外光を入れないようにした薄暗いアトリエには、造花や枯れ木の枝めいたオブジェが壁面のあちこちにとめられていた。氏もまた闇を愛し、闇の中にかすかな光を求めようとしていたのだろうか。そういうと、氏は夜行性動物のように深夜あてもなく散歩をすることがよくあったようだ。或る時、夜中の十二時頃に突然電話がかかってきて、氏の自宅からは随分と離れたところを今歩いている、と告げられた時には驚いた記憶がある。

ところで、話はこの本の誕生に関わるが、美術評論家でもなく、美術ジャーナリズムでも余り知られていなかった高橋氏が『藝術新潮』で連載を始めるについては、当時同誌の中堅編集者だった貝島明夫さんの見識と尽力があったのを忘れることは出来ない。控え目で黒衣《くろこ》に徹している風のあった貝島さんから聞き出したところでは、土曜日にブリヂストン美術館で開かれていた美術講座に出かけた折、高橋氏の話を聴講して興味をもったのだという。そのとき私は、小さな講演会や研究会に出かけて書き手を探すのも編集者の仕事だと教えられた思いがしたものだった。

シャイな逆説家の真情――田中美代子

誰か、文学者の造語かもしれないが、「心交不面（の友）」という言葉が私は気に入っている。心の中では相手を認める思いは強くても、現実では決して会うことのない人間関係をさす。また「一期一会」という言葉もあって、こちらは生涯に一度だけの出会いを意味する。相手がどう思っていたかは別として極く短い時期の三島由紀夫にとって、稲垣足穂は前者だったのではないだろうか。その一方でいずれ相見える機はあるだろう、と予感しつつも、作品と親しく付き合っているのだから強いて会わなくてもいいと考えているうちに「一期一会」の機すら失ってしまった人として、私は田中美代子氏を思い浮かべる。相手は言うまでもなく三島由紀夫である。

前記した通り、私は三島氏から文庫『午後の曳航』の解説を依頼するよう指示されて以来、田中氏との付き合いが始まった。同文庫が昭和四十三年七月の刊行だから、多分その二〜三カ月前だろう。氏は昭和十一年生まれ、早稲田大学の仏文科を卒えた後、ＰＲ関係の仕事に従事しながら、専ら『文学者』に文芸評論やエッセイを書いていた。三島氏は自作の文庫に付されるおきまりの解説に飽々していた節があって、自作について論じる未知の評者の文章にはよく目配りしていたようだ。そんな三島氏の目にとまったのが田中氏の書いた評論だった。その斬新で明晰な文章に〝我が意を得た〟思いがしたのだろう。少し後には「ボクの短篇をわかってくれるのはあの人をおいてない」とまでの惚れ込みようだった。文壇や文芸ジャーナリズムに殆ど知られることのない人でも、気に入ればすぐに解説を頼もうとするあたり、私を一人前に扱ってくれたと同じ三島氏のフェアネスを感じたものである。その解説も収録した『ロマン主義者は悪党か』が刊行されたのは昭和四十六年四月、既に三島氏がこの世にいなかったので、推薦文が貰えなかったのは残念だった。

ここでまた私は「文庫編集部であがいていた頃」の項を引き継ぐ恰好で田中氏と野口武彦氏との対比に関わらざるをえない。というのも、なかなかに勇敢かつ大胆な書名に採用した収録中の一文「ロマン主義者は悪党か」が、当時「評判になった野口武彦氏の作家論『三島由紀夫の世界』に対する反論の試み」(同書あとがき)だからである。野口氏は田中氏の一年後に生まれているから、二人はほぼ同時代の人、同時期にそれぞれが三島由紀夫に強い関心を示し、三島論を書いたということになる。

まず田中氏は野口本を「近ごろまれにみるドラマティックな批評と呼ぶに躊躇しない」と評価し、あとがきでも「秀れた評家は、どんな場合でも私の思考の旅の先達である」と記して、この本から大いに刺戟を受けた旨表明している。そのうえで、ドラマティックという表現の裏にひそませた逆説的な含意に沿って、野口本の矛盾を冒頭で次のように指摘する。

「評家(野口武彦——吉村註)によるこの『危険な作家』の『危険』の分析が、まさにミイラとりのミイラよろしく、評家自らの内なる危険の告白に到達する道程にほかならないからである」

と。出し惜しみすることなく、最初からカードを切って野口本の種を明かし、野口氏による三島批判の裏に貼りついた自己撞着を具体的に例示しながら批判と反論を繰り展げていく。田中氏は、野口氏の三島批判を「まず三島氏を『ロマン主義者』と規定し、その『一種運命的な自己矛盾の発展と開顕の過程』を作品ごとに分析しつつ、ドイツロマン派とナチズムとの統合から類推して、三島氏がいかにして『政治的反動』に変貌せざるを得ないかを解明する、という論旨である。これこそ『ロマン主義者』必然の運命だというのである」と明快に読み解く。

野口氏のいかにも勢い込んだ装飾過多の文章は氏の性情や発想、さらには三派全学連の闘士として身につけた論述法や雄弁術を思わせるところがあって、政治的な文脈を意識しつつ読む者を陶酔に引き摺り込むような説得力がある、といっていい。その限りにおいて、当時の高い評価もむべなるかなというべきだろう。併し、そうした野口本の文体と論証過程そのものに対して、田中氏は要するにこう迫ったのだと思う。〈「私は所謂あなた（三島由紀夫）のエピゴーネンです」そう正直に告白しなさい〉と。

江戸の文芸・思想を専門とする野口氏といえば、早くから大学に職を得て自らの立ち位置を見定めつつ、優れた著作を次々と世に問う学匠評論家として今も縦横の活躍をしている。『禁色』の解説を依頼した折に会った三十代初めの野口氏は、若さ特有の不安感を漂わせながらも強いて胸を張った偉丈夫、という印象を受けた。

田中氏とは、処女評論が刊行されて間もなく、私が新潮社を辞めると、お互いに〝去る者日々に疎し〃となったのは自然の成り行きだったとしか言い様がない。そんな淡い付き合いの中で私が憶えているのは、当時川越市に住んでいた田中氏の御宅に伺った時、話し込んで夕食時になり、氏が鍋物を用意してくれたことだった。

追悼の念から生まれた本——日沼倫太郎

これまでに採り上げてきた書き手たちの多くは既にこの世にいない。長寿を疑わなかった川村二郎氏が昨年二月に急逝したときの無念は名状しがたいものがあった。考えてみれば当然だが、二十二歳からの四年間に担当編集者として付き合いのあった本の著者たちは、皆私より齢上であり、一番歳の近かった昭和十八年生まれの丸山健二氏も六十代半ばになっている。それはそれとして、かつてそれぞれの書き手の一書を上梓する手伝いを通して、程度の差こそあれ私は生きている人間としての著者たちに接し、著作物の内容とはまた違った刺戟を受け、学ぶこと少なくなかったのは何度か記した通りである。

ところが唯一、そんな機会のないままに私が担当して陽の目をみた一冊がある。即ち著者の死後二年余を経て刊行された日沼倫太郎の評論集『我らが文明の騒音と沈黙』がそれである。昭和四十三年七月に病没した日沼氏の書くものについては、私もいくらかは目を通し、気に留めていたのは間違いないが、生前日沼氏に会った記録も記憶もない。

日沼倫太郎といっても知る人はまずいないと思うので、その略歴を紹介しておこう。〈大正十四年、栃木県生れ。本名生沼正三。国際通信株式会社講習所に学び、昭和十九年、朝鮮平安北道定州中継所に赴任。敗戦にあってその翌年帰国。日本電電公社社員となったが、この間に肺結核となり、以後三回入院療養を繰り返した。それと平行して文学への関心をふかめ、「文芸首都」「批評」などに拠り気鋭の評論活動を展開、『存在透視力―深沢七郎礼讃』で彼独自の生活実感にもとづく存在論的批評の方法を確立、『横光利一論』で文壇的地位を確立した。『文学の転換』（昭和三十九年）『現代作家論』（同四十一年）、『純文学と大衆文学の間』『病める時代』『偏見の美学』をあいついで刊行、宗教的関心をふかめた……〉（『日本近代文学大事典』より）。敗戦時に満二十歳、既に就業している戦中派だった。

　ではなぜ日沼氏の本を死後二年も経って私が企画したのか。その経緯にからんで一人の編集者が思い出される。昭和四十一年、今はない南北社という出版社が『南北』という文芸誌を創刊、その編集長を務めていた常住郷太郎さんがその人である。既に亡くなったときいたが、私より十歳ぐらい年上の方だったように思う。『南北』はじめ、その頃にリトルマガジンと称されたいくつかの文芸誌の果たした役割や執筆した人たちについて触れる紙数はないが、私の印象では、既成の文芸評論家とは一線を画した新しい評論活動やカウンター・カルチャーと称された非主流の文化潮流を積極的に支援しようとする傾向が顕著だったのではないか。その常住さんと接点が出来たのは、私が『南北』に関心を抱いていたのは勿論として、ブレイクする前の稲垣足穂を同誌が大切な執筆者として遇していたことも大いに関係していたに違いない。そういえば以前に稲垣足穂の項で紹介した装幀家の山本美智代さんは当時、南北社に勤め、早い頃からのタルホファンにして稲垣氏御指名の装幀者だった。この常住編集長に稲垣本の編集に関して教示を受けたのがキッカケだったのではないか。その付き合いの延長線上で、肩入れしていた日沼倫太郎の業績を惜しんだ常住さんが、遺された日沼稿をまとめていると聞き及び、遺著を企画した、というあたりが本書誕生の事情だろう。手帖によると、昭和四十五年の四、七、八、九月と日沼本について常住氏と連絡をとったり、会ったりした記述が残されている。

この本は、一等切実に戦争と向き合わざるを得なかった戦中派が、時代が大きく変わり高度成長が軌道にのった戦後の日本にあって、如何なる精神的基盤を確立して生きていけばいいかと自問し、自他を検証しつつ、「近代と知識人」「戦争と浪曼主義」「仏教と無常」などについて論じた批評文から成っている。編集作業の過程で私なりに、これからという歳で逝った著者への追悼と鎮魂の念を表したかったのだろう。中扉裏にエピグラフのつもりで本書中にあった芭蕉の一節「いかにぞや、汝ち、ににくまれたるか、母にうとまれたるか。父はなんぢを悪むにあらじ、母は汝をうとむにあらじ。唯是天にして、汝が性のつたなきをなけ」(「野ざらし紀行」)をひっそり掲げてある。

日沼氏の没後、三島由紀夫はこう記した。

日沼氏と私は、ほとんど死についてしか語り合はなかつたやうな気がする。氏は、今から考へれば死の近い人特有の鋭い洞察力で、私の文学の目ざす方向の危険について掌を斥すやうによく承知してゐた。氏は会ふたびに、私に即刻自殺することをすすめてゐたのである。（中略）武士の自刃しかみとめない男に、文学者としての「論理的自殺」をすすめてやまなかつた氏は、あるひは私を誤解してゐたのかもしれないが、あるひは実は、私なんか眼中になく、私に託して、自らの夢を語つてゐたのかもしれないのである。（「批評」13号より）

忘れがたい翻訳依頼——高橋英夫

四十年近い昔に従事していた編集の仕事について、専ら記憶に頼ってまるで独り言のように延々と思い出を書き継いできた。幸いなことに当時使っていた手帖が残っていたので、或る程度の事実は辿ることが出来たのではないかと思っている。いや、何よりも書籍そのものが残っていることによって、奥付を見ればその本がいつ発行されたかは疑いようがない。こうして新潮社出版部在籍の四年間に、文庫は別として三十余冊の単行本を世に送り出した。更に付け加えれば、昭和四十四年半ばからは当時隔月刊だったＰＲ誌『波』の編集にも携わった。今手元にあるそのバックナンバーをパラパラ眺めていると、これまでに私が本稿で採り上げてきた書き手や書名も散見される。

そういえば、石原慎太郎氏が書き下ろし長篇『化石の森』を出すに際して、江藤淳氏と『波』で対談を行ったが（一九七〇年九・十月号）、その担当者だった私は、対談の場で交わされる息の合った二人の遣り取りに圧倒された記憶がある。というのも、話の内容はともかく、御二人の口からはごく自然に横文字が頻出したのだ。謂く、〝コンベンション〟〝ノンシャラン〟〝ボキャブラリー〟〝プロブレマティック〟〝スポイル〟〝メタファ〟〝コンサヴァティブ〟〝エターニティ〟等々、実際に誌面に生かされているもの以外にも、耳馴れない言葉が飛び交って、少々困惑したことだった。御二人ともまだ三十代の話である。

書籍を担当したといっても、駆け出し編集者は、企画の段階から関わり、書き手を自ら探し、筆者に寄り添って執筆を励ましながら一本を上梓するというケースは決して多くない。雑誌の編集者と書籍の編集者の違いについては前にもふれたが、既に組織が出来上がっている大手出版社の場合、自社の雑誌群が種を播き芽を出した作物を大切に育成、やがて商品として出荷できるまでに息永く手をかけるのが当時は書籍編集者の主要な仕事であった。ただ例外的といっていいケースとして翻訳物がある。翻訳物の場合、書籍編集者が個別に原書を探し、エージェントを通して翻訳権を取得すると、翻訳者に依頼し、出来上がった訳稿をチェック、整理して日本語版を出版するのが常である。外国語に堪能で欧米の書籍や出版事情に通じている編集者ならともかく、私のようにその方面に暗い編集者は、日本語となって紹介された新聞記事や雑誌の解説類に目をつけるか、もっと確かで安全なルートとして、それぞれの分野に精通している学者や創作者や翻訳者の教示と推薦をもとに企画を考えるしかない。たまには勘や売り込みを信じてまるで〝不見転〟で翻訳権を買ってしまうことさえないとはいえないのだ。

私が企画して翻訳権をとり、日本語版を出そうとした本は一冊だけだった。ハンガリー出身のギリシャ神話学者・宗教学者として知られるカール・ケレーニイの『神話と古代宗教』（原題 The Religion of the Greeks and Romans 一九六二年刊）である。その本が出来上がったのは新潮社を辞めてほぼ一年後、昭和四十七年五月末だから、私の仕事としては、種を播き、成長環境を整えたところまでだったということになる。

同書の訳者・高橋英夫氏とは以来今日まで細々ながらも縁が繋がり、昨年二月、久し振りにお目にかかる機会に恵まれた。川村二郎氏の通夜の席である。いつもは物静かな印象で、余り表情を変えず、一語一語を確認しながら話す氏が、その時ばかりは、大きなショックを受けて怒りと分かちがたいほどの感情にやっと堪えているのではないかという印象すら受けた。高橋氏は少し先輩の川村二郎氏を仕事上の一指標ともいうべき大切な存在として意識し、敬意を払っていたのである。二人ともドイツ文学を学んだ後、昭和四十年代に入ると、前後して文芸評論の仕事を本格化させ、関心を寄せる領域には重なり合う部分も少なくなかった。

私がなぜケレーニイを識り、その著作の翻訳を思い立ったかについては、漠然とした記憶でしかないが、澁澤龍彦氏がケレーニイを紹介した一文で興味を覚えて教えを乞い、その後に川村二郎氏に相談をもちかけたのではないかと思い出される。ただ一つはっきりしているのは、川村氏に訳者の推薦・紹介をお願いしたら、もう無理だろうと思うが、という留保つきながら高橋英夫氏の名前を口にしたのをいいことに、高橋氏に面会を求め、強引に頼み込んだことである。昭和五年生まれの氏は三十代の初めにホイジンガの『ホモ・ルーデンス』(中央公論社刊)を訳していたが、私がお願いに上がった頃には翻訳から足を洗い、評論活動に集中しはじめていた頃だった。氏は私に向かってその旨を正直に告げ、しばらく返答に窮する風だったが、「川村さん推薦といわれては……」と意を決するように引き請けてくれたのである。今もって私はこの翻訳受諾に感謝の念を抱き続けている。

訳業の進行中に私が新潮社を辞めてしまったため、高橋英夫御自身の評論集をこの手で本にできなかったのを申し訳ないと思うのは、あるいは編集者の傲りかも知れない。

Lesson Oneが終った

『週刊新潮』への配置転換

人間は生きている間に、何度か大きな決断を迫られる時がある。程度の差こそあれ、態度を決し、選択をしなければならないのは、まさしく当の人間が固有の人生を生きている証にほかならない。その時点で結果は知るべくもなくとも、時と状況が否応なく後ろから背を押し、前へ進むことを促す。

昭和四十六年三月下旬、私は刊行されたばかりの川村二郎著『幻視と変奏』を著者の依頼による謹呈と、宣伝の目的でマスコミ関係者に配布するために送り状の宛名をせっせと書いていた。そのとき、傍を通りかかった部長から「吉村君、ちょっと来てくれ」と声をかけられた。彼に随いて狭い部屋に入ると、部長は極めて事務的に、「今度の異動で君には週刊に移って貰うことになった」と告げた。それだけである。あと少し話が続いたのは、引き継ぎと残務整理についてであり、ものの五分とかからなかった筈である。私は、その場で動揺することはなかったと思う。ただ「来るものがきた。もっとも、こんなに早く我が身に降りかかろうとは思っていなかったのだが……」という思いで異動の内示を受け止めていた。

というのもその一年程前、上司と折り合いが悪かったためだろうか、唐突とも思えるかたちで出版部から『週刊新潮』編集部への異動を命じられた先輩が、送別会の席で男泣きした姿を見たとき、「そうなんだ、自分も同じ宮仕えの身、いつ自分にも同じ命が下らないとも限らない。その時は従容として命に従うか、さもなければ辞めるか、のどちらかしかないのだ」と言いきかせたことがあったからである。

このあたりの事情は部外者には判りにくいかも知れない。組織にあって人事異動は恒例事、極端に不当な配転でなければ、それなりに受け容れて、新しい部署での仕事に早く馴れるべく努めるのが当たり前だろう。ところが、当時の新潮社は、全社的な恒例の定期異動は——とくに平社員の場合——ほとんどなく、止むを得ぬ必要が生じた時に最低限の遣り繰りをするぐらいだった。従って、新卒で入社した時にたまたま配属された部署に二十年、三十年そのまま勤めるというケースが大半だったのである。現に私と同期で入った一人は週刊の編集部に配属されて二十年程を過ごしたし、私と同じく出版部に配属された女性は四十年近い会社員人生を同じセクションで全うしたぐらいである。この一点で、当時は他の大手出版社と大きく違っていた。しかも、出版部から『藝術新潮』や『新潮』、まだしも『小説新潮』への異動はそれなりの合意に基づいて行われることはあっても、出版部からいきなり『週刊新潮』編集部への異動は異例といっていい人事だった。編集関係の部署といえても、それだけ週刊誌の仕事は社内で特別視されていたのである。

その時に部長から説明を受けたかどうかははっきりしないが、創刊から十五年、余り部員の出入りがなかった『週刊新潮』編集部は次第に若い社員が少なくなってきたので、今のうちに若返りをはかっておく必要に迫られたための人事であると聞いた。私ともう一人出版部から週刊への異動を命じられたのは、一年後輩にあたる大村孝さんだった。二人とも、行けば最低二十年はいなければならないと考えて、まわりも怪しまぬ配転人事だった。

「従容と命に従うか、辞めるかしかない、と考えてはいても、そう単純に後者を択べる筈もない。辞めることは、たちまち給料と帰属先を失うことであり、軽挙妄動に類する動きは慎むべきだ、ひょっとして週刊誌の仕事も先入観をもたずにやってみれば、それなりの面白さを見出せるかもしれないではないか。それに何よりもまず生活の安定を、と希ってきた自分の生き方を崩してはいけない……」。二十六歳の私なりに自問自答しつつ葛藤した日々だった。併し、私の裡でいかに自分に言い聞かせ、理性に働きかけて合理的に考えようとしても、そうした思考を押しやるように別の思いが厳として胸中に場所を占めていくのを如何ともしがたかった。

『週刊新潮』の編集部に移って、早々に現場での取材を命じられる毎日、どう考えてもこれから人生の最もエネルギーに満ち溢れ、いろいろな可能性のある二十年を、こんな仕事――宝塚美人局《つつもたせ》事件、駐スイス某外交官のスキャンダル、富士裾野のゴルフ場でボールに当たってキャディが死んだ事故、横浜・寿町の若妻殺人事件、編集部の電話にしがみついて送稿を書きうつした大久保清事件等々の取材やデータ原稿書きに追われて過ごす訳にはいかない、という思いが募っていくのをとどめようがなかった。同じく出版部から異動になった大村兄も週刊の仕事には馴染めそうにない様子で、五月の終わり頃には二人とも出処進退をはっきりさせる時期が近づいているのを感じていた。二人でお互いの置かれている共通の問題について、折にふれて意見を交わしたのは自然の成り行きだった。曲がりなりにも社会人として何年かを過ごした大人同士、それぞれの人生はそれぞれが自決するしかない、と語り合ったものだ。

矢来町を後にした日

隊列から遅れて侮りを受けたり、後ろ指をさされるようなことだけは避けたい、と念じて自分なりに勤めてきた四年余が終わろうとしていた。

聞き及んでいる文藝春秋のように二～三年のサイクルで配転のある出版社なら、少しぐらい週刊誌の仕事をしてみるのも、それはそれでいい経験になるということもあるだろう。そうではなくて、二十代後半から二十年以上を週刊誌の仕事で過ごさなければならないのは、どう云いきかせても納得できる話ではない——そう結論を出して残留に見切りをつけた私は、五月後半から六月にかけて、次の職場を探すべく動き始めていた。〝なぜ自分が異動を命じられたか〟という理由なぞ考えている余裕もないままに。ただ、三島由紀夫の葬儀が了って一段落した春に持ち上がった全集刊行の話が私を素通りするのを知ったとき、〝主人がいなくなれば、従僕はこんなものか〟という思いを抱いたぐらいだった。もし三島氏が生きていたら、事情は少し違っていたかも知れない、とは後から考えたことである。

手帖によると、野平編集長に辞表を提出したのは六月二十日の日曜日となっている。そのメモ書きは退社日ともども予定ではなく、備忘のため後から書き加えたものと思われる。夏の賞与が支給された数日後だった。賞与を貰った翌日の辞表提出はあまりに見え透いているので、数日を措こうと考えたのを憶えている。人生で初めて書いた辞表を提出して〝一身上の都合により〟退社を願い出たのである。上下を問わず組織の構成員である以上、最終的には所属する組織の論理＝掟に従わねばならない。一個人がその掟から逃れ、組織と対峙できるたった一つの方法は、組織から離れる以外にはない。——若い私は、そう考えて組織と対等な立場を求めるべく、〝ルビコンを渡ったのだ〟。

時の『週刊新潮』編集長・野平健一さんは、斎藤十一役員の子飼いで、業界でも切れ者として通っていた。型通り胸の内ポケットから辞表を出し、辞意を伝える私に向かって野平さんはとっさに困惑の表情を浮かべたが、すぐに目を細めて柔和な表情をつくり、「吉村君、そうナーバスになるなよ」と慰留にかかった。試験的な意味合いを帯びた出版部から『週刊新潮』編集部への異動、すぐに辞められては困るし、面子《メンツ》がたたぬというのが野平さんの本音だろう。私がいったん辞表を出した以上、相応の覚悟はしている旨答えると、こんなことを話し始めた。

「吉村君、君がどうしても辞めるというなら、僕は仕方ないと思っている。でもね、僕には以前に苦い思い出があるんだ。君と似たような青年が部下にいて、辞めたい、と言ってきたんだ。その頃の僕はまだ若かったんだろうね、青年の言葉を素直に訊いて、『辞めたいんなら仕方ない、わかった』とすぐに辞表を受け取り、社長に上げてしまったんだよ。ところが、数日して件の青年が『本気で辞めるつもりではなかった。辞表は撤回したい』って泣きついて来たんだ。僕も困ったよ。併し、辞表は社長が受理し、決済が了っていたんだ。その青年から恨まれてね。いや、あの頃は僕も若い人の気持を忖度する余裕が足りなかったと反省したもんだよ。その一件を思い出すから、君には念押しをしてるんだ。ちょっと考え直してみないか」。私は今更野平さんの巧みな慰留術にはまる訳にはいかない、と思いつつも、その場はいったん退くことにした。

その数日後に私は再び野平さんに面会を求め、「考えは変わりません」と伝えた。私の辞意が固いのを覚ったのだろう。野平さんも肚を括ったふうにこう問いかけてきた。「それじゃ、君が辞表を撤回する条件はあるかな?」。私はとっさに「あります」と答えて、あらまし次のような〝条件〟を述べた。いや条件というより私の方から最後通牒を突きつけたと言ったほうがいい。こういうところでその人間の本性が露呈するのだろう。私の場合、悲愴感を演出する芝居っ気があって、若い頃は自らそうと意識せぬままにそれが出てしまうことも一再ならずあったかも知れない。それはともかく私は、「出版部に戻されれば、辞める理由は消滅します」と応じた。野平さんは、「それが条件かい？　じゃ考えてみよう」と云うではないか。その返答に虚をつかれた私は、慌てて「今回の一連の人事を嫌々受け容れた人は私の他にもいます。その人事は玉突きです。今回の全社的な人事異動のすべてを白紙に戻すことです」と居直るように付け加えた。〝居直った〟つもりはなく自分の我儘だけが認められるのを潔しとしない思いからだったが、社会的表現ではそういうことになるのではないかと、今にして思う。二十六歳の私はその時〝人生至るところに青山あり〟さ、と胸内で嘯いていた。

一瞬の間をおいて、「それは無理だな。そう云われては仕方がない」という野平さんの返事が返ってきた。これで儀式は了った。手帖の六月二十五日（金）の欄に大きな字で、〈新潮社退社〉と記してあるが、社会人としての私の人生は始まったばかりだ。

あとがき

二〇〇六（平成十八）年の夏に、一通の手紙を受け取った。差出人は高知新聞社の編集委員・片岡雅文氏で、私には未知の人だった。文面によると、同僚の大野由紀夫氏から私の職歴にまつわる話をきいて興味を覚えたので、同紙に回想めいた文章を連載してみないかというお誘いだった。突然の話だったが、そう云えば、その数年前、大野氏と歓談した折、編集者としての昔話をいつか書いてみたい、と半ば冗談混りに話した憶えがあった。高知は私の生国であり、十八歳まで住み育った郷里である。

編集実務をこなして生計をたてている私は、相も変らぬ雑務に追われて余裕のない日々を過していたので、片岡氏からの依頼が時期的に少し早すぎるのを憾まないでもなかった。併し、半ば冗談めいた雑談だったにせよ、私の裡に前述の気持がそのまま保たれていたのは慥かだったので、折角与えて下さった機会を逃すのもためらわれた。

二週間程考えた後に、私は片岡氏の好意をありがたく受けて、翌二〇〇七（平成十九）年四月から週一回、一年間の連載を引き請けることにした。終ってみれば、私の我儘を容れて、連載期間を半年延ばすことを片岡さんがなんとか認めて下さった結果、一年半、七十四回の連載となった。

その連載〈果てもない「あとがき」〉に若干の追加、削除、補筆して出来上がったのが本書である。一回が四〇〇字五枚強の新聞連載のため、なるべく地方紙の読者にも気儘に読んで貰えるよう、平易な読み切りにしたほうがいいのだろう、というぐらいは考えたが、実際は五里霧中の旅立ち、出たとこ勝負に近いスタートだった。もとより予め確たる構想やプロットなぞあろう筈もなく、結局は筆の赴くまま、思い出と連想を頼りに書き継いでいくだけだった。ただ自分が担当者として携った本と著者について具体的に記すあたりから、これしか方法はないという思いが定まり、結局新潮社出版部在籍の四年間に限って、関わった単行本のすべてに触れることになった。連載が半年延びた所以である。

私が何とか拙稿を書き継ぐことができたについては、担当した本と若干の関連資料めいたものが手元にあったからであり、就中、一九六八（昭和四十三）年から一九七一（同四十六）年までの手帖が残っていたのが幸いした。そうした現物資料をベースに、出来る限り自らの記憶と気持や気分に忠実であることを念じつつ、限られた時期の職業的自分史、或は社会人としての初期履歴を録するというスタンスで書き進めたつもりである。とはいえ事実の誤りや受け取り方の誤解があっても不思議ではないと、今も自戒の思いを引き摺っている。まことに文章、中でも本書のような文章を公けにするには節度と抑制を意識した心構えが強く求められることは、改めて云うまでもない。

なお一本にするに際して、書名を新たに考えた。連載最終回が、なんとはなし「社会人としての私の人生は始まったばかりだ」と止ったとき、連載が始まった年の夏に亡くなった母の歌「終りよりはじまるごとしただつねに終りのごとし菜の花の色」が思い併されて、この大尾の一節と響き合うような気がしたところから、書名に借りたものである。

拙著に御登場願った著訳者や編集者はもちろん、高知新聞社及び前記の御両名、さらには推辞を寄せて下さった坪内祐三氏には感謝という以上に申し訳ないという気持を禁じえないでいる。また、四十五年に亘る友誼の証のようなかたちで版元を引き受けて下さった、めるくまーるの和田禎男氏、さらに氏の後を継いだ太田泰弘氏に御礼申し上げる。

二〇〇九（平成二十一）年四月

著者

吉村千穎（よしむら・ちかい）
一九四四（昭和十九）年高知県生れ。六七年國學院大學卒業後、新潮社に入社。七一年退社後、同年平凡社入社。八四年に同社を退社してフリーに。八七年編集事務所設立。九六年角川書店入社。九九年同社退社後、以前に在籍していた編集事務所〈風日舎〉に戻り、現在主宰者として、雑誌、単行本を中心に幅広く企画・編集・制作業務に従事。二〇〇九年五月から「大庭みなこ全集」（全二五冊）を手がける。

終りよりはじまるごとし
——1967〜1971 編集私記

二〇〇九年五月二十五日　初版第一刷発行

著　者　吉村千穎
発行者　太田泰弘
発行所　株式会社めるくまーる
〒一七一-〇〇二二
東京都豊島区南池袋一-九-一〇
電話　〇三（三九八一）五五二五
FAX　〇三（三九八一）六八一六
http://www.merkmal.biz/

印刷製本　モリモト印刷株式会社

ISBN978-4-8397-0139-0 C0095 ¥1700E